Christof Bieberger – Alexandra Gruber
Johannes Herberstein – Gabriele Hasmann

GEISTERSCHLÖSSER IN ÖSTERREICH

Spuk hinter herrschaftlichen Mauern

UEBERREUTER

Die Homepage zum Buch:
www.wienspuk.net

ISBN 3-8000-7062-6

Covergestaltung: Markus Reif
Coverfoto: Alexandra Gruber
Bildbearbeitung: Karl Hammerschmidt

Druck: Ueberreuter Print
3 5 7 6 4 2

Ueberreuter im Internet: www.ueberreuter.at

Inhalt

Vorwort

Der kopflose Ahnherr, die Geisterkutsche, ruhelose Schemen in Mönchskutten, die Weiße Frau, sie alle sind uns bekannt. Aus der Literatur oder aus Hollywood. Vielleicht auch von der letzten Reise auf die britischen Inseln, wo nahezu jedes alte Gebäude, das auf sich hält, eines dieser Gespenster vorzuweisen hat. Geisterschlösser – sie passen ins schottische Hochland, oder in eine nebelverhangene englische Moorlandschaft. Kein Mensch denkt dabei wohl an Österreich. Warum eigentlich?

Erzählungen über Spuk und Geister haben hier zu Lande kaum Tradition. Jemand, der derartig Unglaubliches berichtet, gerät auch heute noch leicht in den Ruf, ein »Spinner« zu sein. Einiges davon findet sich in den allgemein bekannten Sagen. Die aber wurden im Laufe der Zeit gründlich »überarbeitet«. Zuerst von der Kirche, dann von den Aufklärern, zuletzt von den Pädagogen. Sagen gelten heute als mit einigen folkloristischen Motiven versehene Geschichten für Kinder, die niemand mehr für bare Münze nimmt. Ein Teil unseres kulturellen Erbes ging damit verloren. Geistern dürfte diese verkümmerte Tradition aber ohnehin egal sein. Sie erscheinen wo und wem sie wollen.

Als wir vor mehr als zwei Jahren begannen, österreichische Spukgeschichten zu sammeln, war es nach anfänglichen Schwierigkeiten bald, als hätten wir eine Lawine losgetreten. Viele Menschen kontaktierten uns, um von ihren unerklärlichen Wahrnehmungen und Begegnungen mit Verstorbenen zu berichten. Nach unserem ersten Buch, *Spuk in Wien*, lag es nahe, Gespenstisches auf den mehr als viertausend heimischen Burgen und Schlössern zu suchen.

Deren Geschichte reicht oft sehr weit zurück. Nicht selten stand auf ihrem Platz schon ein römisches Kastell oder gar ein keltisches Heiligtum. Trotz der Pracht dieser Anwesen haben ihre Mauern im Laufe der Jahrhunderte nicht nur Schönes gesehen, meist auch jede Menge Blut und Leid. Sehr oft waren Schlösser Gerichtssitze. Hier wurde gefoltert, wurden Todesurteile unterzeichnet und auch vollstreckt. Spuren solcher Ereignisse, mag man es nun *Karma* nennen oder *Energien*, haben offenbar die Zeit überdauert und sind immer noch vorhanden. In solchen Fällen berührt die Vergangenheit unsere Gegenwart.

Schicksalhaftes hat sich natürlich überall ereignet, nicht nur in herrschaftlichen Anwesen. Aber weiß man auch davon? Wer lebte früher in diesem oder jenem Haus, was hat sich dort ereignet, vor fünfzig, hundert oder gar vierhundert Jahren? Die Geschichte von Schlössern und Burgen hingegen wurde meist gut dokumentiert. Über ehemalige Bewohner lässt sich zumindest *etwas* sagen, auch *kennt* man jene unter ihnen, die anscheinend bis heute keine Ruhe finden. Endlose Zimmerfluchten, düstere Gänge und Gewölbe, manchmal ihre abgeschiedene Lage, unterstreichen noch das Unheimliche solcher Orte.

Oft gehören diese Anwesen seit Jahrhunderten denselben Familien. Familien, mit alten, klingenden Namen, die zwar untereinander immer schon ihre Erlebnisse ausgetauscht haben, diese aber Außenstehenden, Fremden, nie und nimmer anvertrauen würden. Hier kam uns der Zufall zu Hilfe: Wir trafen auf Johannes Herberstein, der sich für das Drehbuch einer Fernsehdokumentation schon seit Jahren auf der Suche nach österreichischen Geisterschlössern befand. Außerdem trägt er selbst einen dieser alten Namen. Auch wenn ihn die meisten Schlossbesitzer nicht persönlich kannten, öffneten sich dadurch Türen, die zuvor unwiderruflich versperrt schienen. Zusammen besuchten wir Schauplätze, sprachen mit Augenzeugen, erkundeten die Umgebung und werteten das gesammelte Material aus.

Anspruch auf Vollständigkeit können und wollen wir nicht stellen. Viele Geschichten sind aus unterschiedlichen Gründen nicht in diesem Buch enthalten: Einige mussten wir aus Platzgründen aussparen, in anderen Fällen wollten die Betroffenen mit ihren Erlebnissen schlicht und einfach nicht an die Öffentlichkeit gehen. Die meisten österreichischen Geisterschlösser haben wir aber wahrscheinlich gar nicht gefunden. So mancher Leser wird sich jetzt vielleicht wieder an seine Großmutter oder die alte Nachbarin erinnern. Erzählten die nicht auch immer, dort oben, »bei der Herrschaft« sei es seinerzeit nicht ganz geheuer zugegangen?

Wie reagieren nun Menschen, denen ein Geist begegnet ist? Eigentlich völlig unterschiedlich. Für manche sind ihre Erlebnisse überhaupt nichts Außergewöhnliches, sondern Teil der überlieferten Familientradition. Andere wieder bekamen den Schock ihres Lebens. Wir haben uns bemüht, die Berichte so wiederzugeben, wie sie uns erzählt wurden, ohne krampfhaft nach naturwissenschaftlichen Erklärungen zu suchen. Manches sollte man einfach auf sich beruhen lassen, vielleicht darüber nachdenken, daraus seine eigenen Schlüsse ziehen, es am Ende aber als von Menschen Erlebtes akzeptieren.

Denn selbst wenn es wie etwa im Fall Bernstein Dutzende Augenzeugen gibt, die alle genau dieselbe Gestalt gesehen haben wollen, so wird der Wissenschaftler trotzdem scheitern, sobald er versucht, mit seinen Messgeräten das Phänomen zu erfassen. Vielleicht ist das auch ganz gut so. Gäbe es in unserer High-Tech-Welt überhaupt keine Geheimnisse mehr, wäre das wirklich ein Gewinn? Geht nicht viel mehr Faszination von ungelösten Rätseln aus?

Eines noch vorweg: Wir sind uns bewusst, dass Titel wie »Graf«, »Baron« oder »Fürst« im republikanischen Österreich längst ihre rechtliche Bedeutung verloren haben, ihr Führen für österreichische Staatsbürger im Amtsgebrauch verboten ist und ihre schriftliche Erwähnung einige Leser irritieren wird. Dass wir diese Anreden in den meisten Kapiteln dennoch verwenden, liegt nicht an einer antidemokratischen Einstellung. Wir sind weder Monarchisten, noch verklärte Nostalgiker. Der Grund ist viel simpler: Adelstitel passen ganz einfach zu Spukgeschichten und betonen die eigentümliche Atmosphäre der alten Herrschaftssitze zusätzlich.

Viel Vergnügen bei einer Reise ins Unbekannte.

Die Autor(inn)en
Wien, Oktober 2004

ZU PFINGSTEN ZWISCHEN TRAUM UND TAG

Schloss Grünau, Waldviertel, Niederösterreich

Die Freude bei den alten Bäuerinnen aus der Nachbarschaft war groß, als endlich wieder Leben in das »unhamliche G'schloss« einkehrte. Angelockt von den Renovierungsarbeiten kamen sie vorbeispaziert. So finster habe es immer gewirkt und nachts hätte man den Ort »wegen der Geister« lange schon gemieden. Jetzt seien sie erleichtert, das Schloss endlich wieder bewohnt zu sehen, vertrauten sie Frau N. damals an. Das war 1970 und die aufwändige Sanierung des »devastierten Gebäudes« hatte gerade erst begonnen. Die Schlossherrin verwies die Aussage der Nachbarinnen in das »Reich der Halluzinationen und Märchen. Es war von Gespenstern während der Pfingstzeit die Rede, es hieß, die Ahnfrau mache sich bemerkbar. Ich war stets von stabiler Natur und Gespenstergeschichten tat ich damals als Ausdruck von Ängstlichkeit, Unaufgeklärtheit oder Persönlichkeitsstörungen labiler Menschen ab.«

Da Frau N. einen alten, nicht unbekannten Namen trägt, möchte sie als Erzählerin anonym bleiben. Denn viele Menschen denken wahrscheinlich ebenso, wie sie es getan hat, ehe sie hierher gezogen ist. Schloss Grünau dient heute ausschließlich privaten Wohnzwecken und kann nicht besichtigt werden.

Grünau, ein winziger Ort im Waldviertel, gehört zur Pfarrgemeinde Windigsteig, nahe Waidhofen an der Thaya. Vermutlich leitet sich der Name von einer Aulandschaft mit besonders gutem Wachstum und guter Eignung als Weidegebiet ab. Das Schloss selbst wirkt, sieht man von den rot-weiß gestrichenen Fensterläden ab, fast unscheinbar, eher wie ein liebevoll renovierter Vierkanthof. Nach einem Brand wurde der Turm 1922 abgetragen. Ursprünglich war es ein Wasserschloss gewesen, umgeben von einem gefluteten Graben.

»Als wir das Anwesen aus Familienbesitz kauften, war hier im Erdgeschoß noch ein Schweinestall. Wir mussten den verrotteten Holzboden in der heutigen Eingangshalle herausreißen, da fanden wir die Grabstätten. Es waren ziemlich kleine, abgemauerte Stellen, jahrhundertealt, als wären hier seinerzeit Kinder bestattet worden. Sie müssen noch aus der Zeit vor 1687 stammen, bevor die Grafen Kuefstein das Schloss erwarben. Früher lag genau darüber die Kapelle. Begräbnisse außerhalb des Areals waren wahrscheinlich wegen des Wassergrabens nicht möglich. Ob hier wirklich Kinder begraben liegen, entzieht sich meiner Kenntnis. Damals waren die Menschen ja generell viel kleiner als heute. Vermutlich sind es die Gräber ehemaliger Bewohner.«

Frau N. setzt sich ihre Lesebrille auf die Nase und nimmt ein Blatt zur Hand. Auf ihm ist die lange Liste der Vorbesitzer vermerkt. Fein säuberlich sind die Namen mit Jahreszahlen versehen. Ganz oben steht 1311: »Grunnaw desolata«, das zerstörte Grünau, findet sich erstmals in einer Urkunde. 1386 scheint als erster Inhaber des Edelsitzes »Hans der Dachspeckh«, ab 1486 »Wolfgang der Dachspeckh« auf. 1597, zur Zeit der Bauernkriege, empörten sich sieben Dörfer gegen ihre Herrin Amalie Römer auf dem »Grienawhof«. 1620 wird ein Christoph Römer wegen seiner Untreue geächtet. Zusammen mit vielen anderen Waldviertler Adeligen hatte er sich den böhmischen Protestanten angeschlossen, die im selben Jahr am Weißen Berg durch die Kaiserlichen eine entscheidende Niederlage erlitten. Römers Vermögen wurde konfisziert. In der Mitte der Liste finden sich die Grafen Sprintzenstein und Kuefstein, danach folgen durch die Jahrhunderte Ritter, Freiherren und Barone. Im Besitz der Familie N. steht das Anwesen seit Mitte des 19. Jahrhunderts.

Gleich an den gepflegten kleinen Park mit den alten Bäumen schließt ein Teich, mit Ruderboot und einem Häuschen für die Enten. Frau N. bewohnt heute die unteren Räume des Schlosses, oben leben »die Jungen«, der Sohn mit seiner Familie. Ihr Mann ist bereits 1977 tödlich verunglückt.

Pfingsten ist die Zeit der Geister in Schloss Grünau

»1971 zu Pfingsten verbrachten meine Familie und ich samt Schulfreunden der Kinder unser erstes Wochenende im Schloss. Draußen war es windstill, es wehte kein Lüftchen. Seltsamerweise standen die Vorhänge waagrecht ins Zimmer. Bei Zugluft hätten sie hingegen aus dem Fenster wehen müssen. Wir hörten Stimmen, die wir nicht einordnen konnten, abgesperrte Türen fielen krachend ins Schloss. Die ganze Beleuchtung im Haus ging plötzlich an, genauso schnell erlosch sie auch wieder.« Frau N. lächelt, als sie an ihren Mann denkt. »Er meinte damals, die Ahnfrau mache sich bemerkbar. Angst hatten wir keine.«

N., eine agile ältere Dame, legt sichtbar Wert auf ihre gepflegte Erscheinung. Sie ist schick gekleidet, dezent geschminkt und trägt die grauen, schulterlangen Haare perfekt geföhnt. Gleichzeitig besticht sie mit Charme und Gastfreundschaft. Die merkwürdigen Ereignisse in ihrem Schloss listet sie mit Hilfe eines Spickzettels chronologisch auf, unbeeindruckt, als handle es sich um geplante Einkäufe. Ihre Erlebnisse, unterteilt in »unteres und oberes Schlafzimmer«, sind in schöner, alter Handschrift festgehalten. »Ich berichte wahrheitsgemäß, sofern Wahrheit im Diffusen einen Sinn ergibt«, stellt sie eingangs klar.

»Nach dem frühen Tod meines Mannes verbrachte ich viel Zeit alleine hier mit meinem Hund, verspürte aber nie Beklemmungen oder gar Ängste.«

Auch nicht, als sich 1981, wieder zur Pfingstzeit, eine Gestalt manifestierte.

»In diesem Jahr zog ich mit den Kindern endgültig im Schloss ein. Da erlebte ich die Erscheinung zum ersten Mal. Ich schlief damals noch im oberen Schlafzimmer und wachte in der Dämmerung auf, wahrscheinlich, weil ich mich beobachtet fühlte. Neben meinem Bett stand eine durchsichtige Gestalt, den Umrissen nach trug sie einen Umhang mit Kapuze, ähnlich einer Mönchskutte. Sie löste sich in schwebendes Gewölk auf. Ich empfand diese Begegnung als angenehm, es war wie eine wohl wollende und vertraute Beaufsichtigung.«

Ziemlich genau zwei Jahre später wiederholte sich die merkwürdige Begebenheit. »Zwischen Traum und Tagen«, so beschreibt es die Dame, verweilte die gleiche Erscheinung erneut für einen kurzen Moment in ihrem Schlafzimmer.

»An eine solche gedacht habe ich nicht oder mir etwa gar gewunschen, dass sie kommt. Ich mag an Pfingsten das Froschkonzert im Teich und den blühenden Garten, auf derartige Erscheinungen könnte ich getrost verzichten. Sie kam trotzdem. Später vertraute ich mich einer Freundin an. Die meinte lapidar: ›Ja, das ist der *Braune Mönch*.‹ Als sei das selbstverständlich.« Frau N. hat nicht die geringste Ahnung, um wen es sich bei der Erscheinung gehandelt haben könnte. Keine Quelle weist darauf hin, dass hier oder in unmittelbarer Nähe einst ein Kloster gestanden hätte.

Wenige Tage später erhielt N. Besuch von einem befreundeten Ehepaar aus Oberösterreich. Die beiden wollten die Feiertage in Grünau verbringen und übernachteten im Gästezimmer.

»Ich wurde in den frühen Morgenstunden aus dem Schlaf gerissen, weil jemand laut meinen Namen rief, mehrmals hintereinander.

Beunruhigt lief ich zum Gästezimmer, doch es war alles ruhig, nichts rührte sich. Also ging ich wieder zu Bett. Da war wohl ein Betrunkener heimwärts getorkelt, so dachte ich. Am Frühstückstisch wunderten sich meine Freunde dann über meinen *Scherz,* fragten, warum *ich* sie frühmorgens gerufen hätte. Ich hatte keine Ahnung, wovon sie redeten.
›Nein, nein. Ganz sicher. Du hast mehrmals meinen Namen, *Inge, Inge,* geschrien. Das haben wir beide deutlich gehört‹, beharrte meine Freundin und ihr Mann bestätigte das. Sie glaubten mir nicht, dachten, ich hätte mir einen Scherz erlaubt. Meine Freunde übernachteten daraufhin nie wieder in Grünau.«
Die Hausherrin blättert weiter in ihren Notizen. »Die bisher angeführten Situationen würde ich zwar als außergewöhnlich bezeichnen, doch bestimmt nicht als wirklich beängstigend einstufen. Dann allerdings kam Pfingsten 1983, und ich hatte ein einschneidendes und schlimmes Erlebnis, bekam es wirklich mit der Angst zu tun. Es war ganz schrecklich. Gegen ein Uhr in der Früh lag ich noch wach und las in einem Buch. Sicherlich keine Schauergeschichten, es handelte sich um unaufregende Lektüre. Neben dem Bett am Boden schlief ruhig mein Hund Ellie. Es war im oberen Schlafzimmer, der Raum liegt nach Norden. Für die Pfingstzeit war es recht kühl, darum hatte ich die Fenster geschlossen.
Plötzlich begann es draußen zu stürmen und zu brausen, als ob sich ein schlimmes Gewitter näherte. Lärm umbrandete mit einem Mal das Haus, wüster Schlachtenlärm. Ich hörte wiehernde Pferde, Hufschlag, Waffengetöse, Hundegebell und höllisches Gelächter. Diese Horde kam bis zum Portal, schlug ans Tor, als wollte sie das Haus stürmen. Ich nahm ganz eindeutig Kampfhandlungen wahr und Waffengeklirr, lautes Gebrüll und wilde Schreie, ein Stimmengewirr. Die Worte aber konnte ich nicht verstehen, denn die Sprache war mir fremd. Mein Hund schreckte hoch, war völlig aus dem Häuschen und sprang zitternd und winselnd zu mir ins Bett. Das Licht flackerte wie verrückt und ich wurde so panisch, dass ich die Polizei verständigen wollte. Als ich den Hörer abnahm, blieb das Telefon stumm. Es war außer Betrieb. Währenddessen schien es, als habe sich die wilde Meute auf die Südseite des Schlosses verzogen und versuchte dort einzudringen. Dann,

langsam, verflüchtigte sich das Getöse in der Ferne, als würde die Heerschar in eine andere Richtung weiterziehen.
Als schließlich alles verstummt war, funktionierte auch das Telefon wieder. Doch ich stand richtig gehend unter Schock, war weit davon entfernt, eine Nummer zu wählen. Nachdem ich mich ein wenig erholt hatte, versuchte ich die vernommenen Sprachfetzen zu notieren und einzuordnen. Es war gewiss kein Deutsch gewesen, auch kein Englisch, dennoch hatte es für mich wie eine germanische Sprache geklungen. Möglicherweise war es Schwedisch. Auch mein Hund hatte sich wieder beruhigt, ließ sich aber nicht mehr aus dem Bett vertreiben.«
Als N. am nächsten Tag ihre Nachbarn aufsuchte, um »ganz unschuldig, mehr so nebenbei, zu fragen«, ob sie in der letzten Nacht etwas Ungewöhnliches vernommen hätten, erntete sie nur verneinendes Schulterzucken. »Sie sagten mir, sie hätten friedlich geschlafen. Niemand hatte auch nur das Geringste gehört. Noch voll dieser ungeheuerlichen Impressionen vertraute ich mich zu Mittag dann meinen besten Freunden, dem Ehepaar K., an. Sie glaubten mir und zeigten Verständnis. Als sie mein Erlebnis im Kaffeehaus kolportierten, kam zu Tage, dass sich genau dieselben Geschehnisse in der Nacht zuvor im Schloss Raabs ereignet hätten. Das liegt in der Luftlinie etwa fünfzehn Kilometer entfernt. Zwei Tage später rief mich auch der damalige Besitzer des Schlosses an und versicherte mir glaubwürdig, diese kriegerische Horde habe gegen Mitternacht auch an seinem Tor gerüttelt. Daraufhin ist die Meute wohl von Raabs nach Grünau gezogen.«
Tatsache ist, dass 1645 und 1646, am Ende des Dreißigjährigen Krieges, ein schwedisches Heer mordend und plündert durch Teile des heutigen Niederösterreichs bis vor Wien gezogen ist. Im Sagenschatz des Wald- und Weinviertels finden sich zahlreiche Motive, die auf diese Kampfhandlungen zurückzuführen sind. Es existieren Erzählungen über die erfolgreiche Verteidigung von Burgen und Schlössern ebenso wie über deren Zerstörung. Überlieferungen berichten von den zahllosen Gräueltaten, die die Schweden in dieser Zeit verübt hatten. Und Bezeichnungen wie *Schwedenkreuz*, *Schwedensteig*, *Schwedenschanzen* und *Schwedensteine* weisen auf den bleibenden Eindruck hin, den das Heer

aus dem hohen Norden bei der Bevölkerung hinterlassen hatte. Konnten Frau N. und der Schlossherr von Raabs Restenergien der herumziehenden Krieger wahrnehmen?
»Merkwürdigerweise ist das Geschehen als solches nach wie vor frisch in meinem Gedächtnis, doch fällt es mir immer wieder schwer, meine Gemütsbewegung zu beschreiben. Auch war es mir unmöglich, den Ablauf der Ereignisse in ein zeitliches Konzept zu bringen. Bei der Aufarbeitung dieses Phänomens legt sich stets ein nicht zu durchdringender Schleier über meine Erinnerung. Seit damals weiß ich wohl, wie uralte Gemäuer über Generationen hinweg immer wieder Gutes wie Schlimmes geradezu auszuatmen vermögen.
Etliche Jahre später fand ich zufällig auf dem Wühltisch einer Buchhandlung die Biografie einer Gräfin Maltzahn, von ihr selbst geschrieben. Darin waren genau dieselben Vorkommnisse, wie sie auch mir widerfahren sind, in einem ostpreußischen Schloss beschrieben. Danach war ich mir dann sicher, dass es die Schweden waren, die an meine Tür gepoltert hatten.«
Im Herbst 1990 bekam die Schlossherrin Besuch von einem weiteren befreundeten Ehepaar, Margot und Manfred R. aus Linz. Mit Margot verbindet Frau N. eine Freundschaft, die schon seit ihrer Volksschulzeit besteht.
Margot R. berichtet am Telefon Folgendes: »Es muss kurz vor Allerheiligen gewesen sein. Meine Freundin und ich tratschen meistens stundenlang, wenn wir wieder einmal aufeinander treffen. Manfred war schon zu Bett gegangen und wir Frauen unterhielten uns bis zwei Uhr in der Früh, saßen im kleinen Salon, die Tür zum großen Salon war geöffnet. Plötzlich fühlte ich mich von jemandem in diesem Raum beobachtet. Ich hatte das Gefühl, ein Unsichtbarer würde im Türrahmen lehnen, uns zuhören und beobachten. Es war aber nichts Böses, ich fühlte mich sehr wohl. Beim Frühstückstisch sagte mir Frau N., dass sie genau das Gleiche gefühlt hatte. Meinem Mann erzählte ich ebenfalls von diesem Erlebnis. Er war verwundert, denn seine Uhr mit den nagelneuen Batterien war um ein Uhr in der Früh stehen geblieben. Erst als wir von Grünau wegfuhren, fing die Uhr nach etwa einer halben Stunde wieder zu ticken an. Wir fanden das beide sehr merkwürdig.«

Die R.s hatten sich vor ihrer Abfahrt noch in das Gästebuch eingetragen: *Vielen Dank für den gemütlichen Tratsch und die vorzügliche Bewirtung*. Unterzeichnet ist der Abschiedsgruß mit *Margot und Manfred*. Der Eintrag darunter aber, mit Bleistift geschrieben, wirkt deplatziert:

31. 10. – 2. 11. 1990 mit viel Danke!!!

Frau R. schwört, dass diese Zeile weder von ihrem Mann noch von ihr selbst stammt.

Auch für die Besitzerin ist diese Geschichte bis heute ein Rätsel. »Ich weiß nicht, wer das gemacht haben soll. Ich selbst schreibe nie mit Bleistift und außer mir wohnte damals niemand im Haus. Außerdem verreiste ich gleich nach dem Besuch von Margot und Manfred für einige Tage. Dieser Satz wurde während meiner Abwesenheit in das Gästebuch eingetragen. Es ist aber nicht eingebrochen worden in dieser Zeit«, bekräftigt Frau N. den Verdacht, dass es sich um die Hinterlassenschaft eines höflichen Geistwesens handeln könnte. Sollte sich gar der *Braune Mönch* einen Scherz erlaubt haben?

Die schemenhafte Gestalt tauchte aber erst Jahre später wieder auf, 2001 und 2002, jeweils zu Pfingsten. Frau N. beschreibt wieder das angenehme Gefühl des Beschütztseins, eine Begegnung in den ersten Stunden des Tages und eine positive Erfahrung ohne Angst.

Und dann kam 2003. »Ich schreckte aus dem Schlaf, noch ehe die Morgendämmerung einsetzte. Der Kapuzenmann stand wieder direkt neben meinem Bett. Es war furchtbar, ich hab sein Gesicht gesehen. Es war ein abgenagter, halb verwester Totenschädel. Ich schrie ihn an: ›Wer sind Sie? Was wollen Sie von mir? Verschwinden Sie!‹ Kurz dachte ich, es sei ein Eindringling aus Fleisch und Blut, dann aber ist er langsam verschwunden, hat sich vor meinen Augen aufgelöst. Er wollte mir diesmal übel mitspielen. Mir hat richtig gehend gegraust.« Trotzdem ist sich Frau N. gewiss, dass es sich um dieselbe Gestalt handelte, die ihr die Jahre zuvor erschienen war. »Dieses Jahr ist noch nichts passiert. Ich fürchte mich auch nicht, trotz des schaurigen Erlebnisses«, versichert sie.

Dann weist N. den Weg in ihr Schlafzimmer, vorbei an den Regalen ihres Leseraums. Hinter Glas reihen sich die Bücher, dicke Bände: Geschichte, Biografien und Reiselektüre.

»Gleich dort, neben dem Bett, ist er gestanden, bewegte sich dann langsam von mir weg, rückwärts, nachdem ich ihn angeschrien hatte. Hier in der Ecke, in der Tabernakelnische meines barocken Hausaltars ist er dann verschwunden.« Das Kruzifix steht auf einem Holztisch, geschnitzte Heiligenfiguren daneben. Fast wie ein kleiner Altar wirkt das Ensemble, golden und kraftvoll, als dürfe sich der *Braune Mönch* hier nicht mehr zeigen.
»Wie gesagt, meine übersinnlichen Erfahrungen spielten sich ausschließlich hier in Grünau ab«, sinniert die Gastgeberin, wieder zurück in ihrem Wohnzimmer. »Nie zuvor ist mir ein Geistwesen erschienen. Meine Kindheit und Jugend verbrachte ich ebenfalls in einem alten und geschichtsträchtigen Haus, doch wuchs ich ohne Gespensterglauben auf.
Was ich aber schon immer hatte, ist das so genannte *zweite Gesicht*. Noch viel mehr als ich verfügte meine Großmutter mütterlicherseits über diese Fähigkeit. Meine Familie wohnte damals in Braunau im Innviertel. Der Bruder meiner Mutter war im Ersten Weltkrieg, 1916 in der Dolomitenschlacht, in italienische Kriegsgefangenschaft geraten. Meine Mutter und Großmutter erhielten Rotkreuz-Postkarten von ihm, immer mit kurzen Nachrichten, aber niemals war ein Entlassungsdatum vermerkt. Eines Morgens sagte meine Großmutter ohne einen merkbaren Anlass: ›Heute kommt der Otto nach Hause.‹ Mutter glaubte ihr nicht, sie ging aber trotzdem zum Bahnhof. Damals kam täglich nur ein Zug aus Salzburg. Tatsächlich stieg Onkel Otto aus der Eisenbahn, und zwar genau so, wie es Großmutter beschrieben hatte: Mit dem Rücken voran, da er sein Kriegsgepäck aus dem Wagon herauszog. Danach erst drehte er sich um und war maßlos erstaunt, seine Schwester zu sehen. Schließlich hatte er sich nicht angekündigt. ›Die Mama hat gesagt, du kommst heute‹, erklärte sie.«
Und wie äußert sich dieses *zweite Gesicht* bei Frau N.? Sie überlegt, während sie sich ihre Brille zurechtrückt. »Ich war als Kind einmal mit meinen Eltern zum Schifahren in Radstadt, und mitten in der Nacht bin ich aufgeschreckt und habe geschrien: ›Zu Hause brennt's, zu Hause brennt's!‹ Meine Mutter kam angelaufen und beruhigte mich, es sei nur ein böser Traum gewesen. Am nächsten Tag, wir saßen beim Frühstück, wurde meine Mutter dann zum

Telefon gerufen. Schreckensbleich kam sie wieder: ›Zu Hause hat es gebrannt, die Vorhänge! Großmutter wollte sich etwas kochen, da ist die Flamme vom Petroleumbrenner auf die Vorhänge übergesprungen. Sie konnte sie noch rechtzeitig runterreißen und das Feuer austreten. Ihr ist nichts passiert.‹ Später dann, während meiner Gymnasialzeit, war ich Kostgängerin in Linz. Ich hatte mein eigenes Zimmer, was kurz nach dem Krieg eine Seltenheit war. Eine Polin führte dort den Haushalt. Ich mochte sie nicht und die Antipathie beruhte auf Gegenseitigkeit. Eines Tages wachte ich auf und wusste, die Polin ist tot. Zwei Tage zuvor war sie mit einem Leiden ins Krankenhaus eingeliefert worden. Es war aber scheinbar nichts Lebensbedrohendes. Ich ging daraufhin zu meiner Kostgeberin und erzählte ihr, Roza, die Polin, sei tot. Und ich hatte Recht. In der Nacht zuvor war sie wirklich gestorben.«

Draußen im Garten stehen die Blumen in voller Blüte und im nahe gelegenen Teich quaken Frösche. Wie jedes Jahr um diese Zeit, so kurz vor Pfingsten.

»SCHLOSSHANSL« UND »BÖSE KATHL«

Schloss Bernstein, Burgenland

Die Kinder kreischen vor Vergnügen, als sie die Tür des herrschaftlichen Zimmers aufstoßen und sogleich von schallendem Lachen empfangen werden. Nicht nur, dass sie ihre Ferien in einem Schloss verbringen dürfen, mitten im Raum steht auch noch ein leibhaftiger Ritter! Die große, bullige Gestalt ist eine völlig unerwartete Attraktion, das Kostüm wirklich gelungen: Langer Bart und wildes Haar leuchten feuerrot, boshaft blitzen die Augen, das Kettenhemd reicht bis zu den Knien und von der Hüfte baumelt ein Schwert.

Die Eltern stehen noch an der Rezeption, checken gerade ein, als ihre Kinder angelaufen kommen und aufgeregt von ihrer Entdeckung erzählen: Im Zimmer erwarte sie bereits jemand! Als Ritter verkleidet! Das gebe es wohl sonst in keinem Hotel!

»Nein«, schüttelt die Schlossherrin langsam den Kopf, »hier läuft kein verkleideter Angestellter herum. Es kann sich nur um den *Roten Iván* handeln«. Und dann erzählt sie ihren neuen Gästen von der ruhelosen Seele auf Bernstein, die es offenbar liebt, immer wieder ahnungslose Besucher zu erschrecken. Ansonsten sei er ja völlig harmlos, aber ...

Diesmal war Iváns kurzer Auftritt leider ein voller Erfolg. Das Ehepaar, alles andere als erfreut über den ungebetenen Mitbewohner, packt kurzerhand die Koffer und sucht samt protestierendem Nachwuchs augenblicklich das Weite.

»Das war noch vor meiner Zeit hier auf Bernstein. Meine Schwiegermutter stand damals hinter der Rezeption.« Alexander Berger-Almásy lacht, während er sich einen Zigarillo anzündet. Die Ge-

schichte von der schreckhaften deutschen Familie, die sich Mitte der siebziger Jahre genau so zugetragen haben soll, erzählt er mit sichtlichem Vergnügen.
»Wenn der *Rote Ritter* erscheint, dann immer unglaublich kompakt und real. Diese Kinder damals sind ja nicht einmal auf die Idee gekommen, hier könnte es sich um ein Gespenst handeln. Überhaupt zeigt er sich mit Vorliebe Kindern oder Menschen mit kindlichem Gemüt. Sein boshaftes Gelächter allein ist relativ oft zu vernehmen. Es gibt haarsträubende Geschichten von Leuten, die ihn nur lachen hörten und danach nie wieder das Haus betreten haben.«
Bernstein, die älteste Festung des Burgenlands, thront hoch über dem gleichnamigen Ort auf einem Felsen aus Grünschiefer. Der Ausblick von hier oben reicht tief ins oststeirische Hügelland. An klaren Tagen erkennt man sogar die Kärntner Karawanken und den niederösterreichischen Schneeberg. Bereits die Kelten haben hier gesiedelt, nach ihnen die Römer. Befestigt war dieser Platz in der Nähe von Oberwart wahrscheinlich schon damals, zu offensichtlich ist die beherrschende Lage. Nach den Wirren des Mittelalters, in denen Bernstein mehrmals belagert wurde, berannten die Türken 1532 erfolglos die Festung. Ende des 16. Jahrhunderts zur sicheren Grenzburg im habsburgischen Ungarn ausgebaut, sollten ihre bis zu sechsunddreißig Meter hohen Mauern und gewaltigen Bastionen dazu beitragen, den osmanischen Erzfeind von weiteren Einfällen abzuhalten. Doch die Gefahr kam nicht aus dem Osten, sondern von oben: 1617 schlägt ein Blitz in den Pulverturm und die innere Burg fliegt fast zur Gänze in die Luft. Die mächtigen Außenmauern ließ man größtenteils stehen, im Inneren der Anlage aber entstand ein schmuckes Barockschloss, ein Edellandsitz für die Grafen Batthyány über beinahe zweihundert Jahre. 1892 erwarben es schließlich die Almásy, ebenfalls ein altes ungarisches Magnatengeschlecht. Bernstein ist heute aus zwei Gründen bekannt: Einerseits für den hier abgebauten Edelserpentin, einen grün schimmernden Halbedelstein, ähnlich der chinesischen Jade. Er ist äußerst selten und findet sich nirgendwo sonst in Europa. Und andererseits für Österreichs wohl berühmtestes Geisterschloss.

Bernsteins Geister sind bestens dokumentiert

»Als ich damals hierher kam, habe ich das Gerede über Spuk und dergleichen als lächerlich abgetan. In der Zwischenzeit bin ich aber gründlich bekehrt und felsenfest davon überzeugt, dass es so etwas gibt. Es ist nicht mehr wegzuleugnen, wir haben einfach schon zu viel erlebt. Nicht nur die Familie, sondern auch zahllose unserer Gäste.« Alexander Berger-Almásy kam vor fünfundzwanzig Jahren selbst als Gast. Geblieben ist er, Dank seiner Heirat mit Andrea Kuefstein-Almásy, bis heute. Der große, schlanke Mittvierziger spricht sehr schnell, wirkt aber dennoch nicht hektisch, sondern ausgeglichen. Seine Erzählungen begleitet stets ein spitzbübisches Augenzwinkern. »Sie müssen sich das so vorstellen: Die Burg ist nicht öffentlich zugänglich, wir haben aber zehn Gästezimmer. Das sind weitgehend original möblierte Gemächer, jedes hat eine besondere Geschichte, ein eigenes Flair, einen Kachelofen, aber weder TV noch Telefon. Wir sind sozusagen ein bewohnbares Familienmuseum. Das schafft Treue und Tradition, manche kommen bereits in dritter Generation. Abends,

wenn das Personal nach Hause gegangen ist, betreue ich meine Gäste selbst und ziehe mich mit ihnen ins Kaminzimmer zurück. Es wird so zehn Jahre her sein, da war ein Jagdfreund von mir zu Besuch. Er wollte sich nützlich machen und ich schickte ihn in den Keller um Wein zu holen. Doch schon bald stand er wieder da, mit leeren Händen und sichtlich aufgelöst. Er hatte sich verlaufen, erzählte er mir, dabei die falsche Tür geöffnet und dort habe ihm jemand schallend entgegengelacht. Das besagte Zimmer stand aber zu diesem Zeitpunkt leer, das weiß ich mit Sicherheit.
›Aha‹, meinte ich, halb im Scherz, ›du hattest wohl eine Begegnung mit dem *Roten Ritter*. Das Lachen ist sein Markenzeichen.‹ Mein Freund entgegnete, das sei doch absoluter Blödsinn. ›Wenn das so ist‹, forderte ich ihn auf, dann solle er doch zurück in dieses Zimmer gehen und laut und deutlich ›Iván, zeig dich!‹ rufen. Er murmelte noch etwas wie: ›Der Berger spinnt doch, der spinnt‹, aber gegangen ist er trotzdem.« Der Schlossherr grinst amüsiert.
»Als er dann zurückkam, war er käseweiß und zitterte am ganzen Leib. Die nackte Angst stand ihm ins Gesicht geschrieben. Er hatte wirklich gerufen und plötzlich war ein massiger Mann dicht vor ihm gestanden. An ihren besonderen Merkmalen lässt sich diese Erscheinung eindeutig identifizieren: Der *Rote Ritter* trägt wildes rotes Haar und Bart, zudem einen knielangen, mittelalterlichen Waffenrock, der wie ein Kleid aussieht. Das sind Details, die mein Freund zuvor nicht hatte wissen können, genau so schilderte er mir aber das Gespenst. Nie wieder wollte er danach diesen Trakt des Schlosses betreten, um keinen Preis und auch nicht in meiner Begleitung.
Ebenso beschrieb meine Tochter, kaum dass sie reden konnte, dieses Phänomen. Anna, damals etwa drei Jahre alt, fuhr mit dem Dreirad im Rittersaal herum, meine Frau und ich waren gerade in der Küche. Auf einmal hören wir ganz fürchterliches Geschrei. Wir stürzen hinaus: ›Anna, was ist denn los?‹
Darauf meint sie ganz verschreckt: ›Da war ein Mann, der hat *Dudu* zu mir gesagt.‹ Es war niemand zu sehen.
›Ja, wie hat er denn ausgesehen, der Mann?‹
Na groß sei er gewesen und ein Kleid habe er angehabt. Dieses Detail mit dem Waffenrock hat also auch mein dreijähriges Mädchen

bemerkt, obwohl wir mit den Kindern damals noch nicht über Geister gesprochen hatten, sie waren noch zu klein.«

Und welche Erfahrungen hat Berger-Almásy selbst mit dem *Roten Ritter*?

»Wir saßen eines Abends entspannt im besagten Kaminzimmer beisammen. Offenes Feuer, Kerzenlicht und ein guter Tropfen Wein – es war sehr gemütlich und stimmungsvoll. Ein Gast hatte seine beiden Jagdhunde mitgebracht. Die lagen in einer Ecke und dösten vor sich hin. Wir haben uns gerade angeregt unterhalten, als plötzlich die Hunde zu knurren begannen. Sie fletschten ihre Zähne, sprangen auf, als würden sie jemandem folgen, der sich quer durch den Raum bewegt, bis ins gegenüberliegende Eck. Irgendetwas war da im Raum, was die Tiere sehen konnten, wir Menschen aber nicht. Beide verbellten es offenbar erfolgreich, denn danach trotteten sie wieder auf ihren Platz und dösten friedlich weiter. Allen Anwesenden war ziemlich gruselig zumute und der Besitzer wunderte sich über die ungewohnte Reaktion seiner Hunde.

Vielleicht war das der *Rote Ritter*, mir selbst ist er ja noch nicht erschienen. Ich bin diesbezüglich auch nicht besonders sensibel. Zumindest *gesehen* habe ich ihn noch nicht. Mein bisher intensivstes Erlebnis war allerdings trotzdem sehr unheimlich:

Eines Abends lag ich im Bett, völlig gedankenverloren in ein Buch vertieft. Meine Frau war nebenan im Badezimmer. Nur so im Hinterkopf registrierte ich, dass sich die Schlafzimmertür öffnet, jemand zum Bett hingeht, auf der Seite meiner Frau die Decke zurückschlägt und sich hineinlegt. Nachdem ich ein guter Ehemann bin, wollte ich mich zu ihr rüber drehen, um ihr Gute Nacht zu sagen – ups, niemand zu sehen! Später erst kam meine Frau aus dem Bad. Aber ich könnte schwören, da hat jemand neben mir im Bett gelegen!«

Der *Rote Ritter* wird dem historischen Grafen Iván von Güssing, Banus von Slawonien, Herr auf Güns und Bernstein, zugeschrieben. *Roter*, auch *Blutiger Iván* wurde er nicht nur seiner Haare wegen genannt. Er lebte im 13. Jahrhundert und gilt als einer der berüchtigsten Raubritter der Geschichte. Als Feldherr boshaft, rücksichtslos und grausam, als Politiker ein Meister der Intrige und des Verrats, schreckte er vor keiner Gräueltat zurück. Sowohl in den Herzogtümern Österreich und Steiermark als auch in Ungarn und Kroatien wurde sein Name nur mit Furcht und Schrecken genannt. Die Streitigkeiten seiner ungarischen Könige mit Ottokar von Böhmen und den österreichischen Herzögen wusste er geschickt zu seinem persönlichen Vorteil auszunützen. Mal huldigte er dem einen, mordete und plünderte hemmungslos in den Gebieten des anderen. Danach drehte er seine Fahne wieder nach dem Wind, brach ganz nach Belieben geleistete Treueschwüre und schaffte es immer wieder in den zahllosen Fehden dieser ruhelosen Zeit das Zünglein an der Waage der Macht zu spielen. Bernstein, damals eine mächtige Festung, fast uneinnehmbar auf ihrem Felsen, war stets sein Schlupfwinkel. Hierher zog er sich vor Verfolgern zurück und hier konnte er selbst lange Belagerungen überstehen.

Am 25. August 1278 findet sich Iván in der Schlacht bei Dürnkrut auf der Seite Rudolfs von Habsburg und somit des Siegers. Sein einstiger Lehensherr, König Ottokar von Böhmen, verliert an diesem Tag Reich und Leben. Aber auch dem Habsburger bleibt Iván nicht lange treu. Schon bald kündigt er ihm die Gefolgschaft, fällt beutehungrig in Österreich und Steiermark ein und überzieht die Grenzgebiete mit Chaos und Verwüstung. König Rudolf hat nun genug und zieht gegen Iván von Güssing zu Felde. Aber ein Heerhaufen, der mitten im Winter über den zugefrorenen Neusiedler See marschiert, bricht durch das Eis, die Streiter gehen elend zu Grunde. Ein zweiter wird in die Schluchten um Bernstein gelockt, wo Iván mit seinen Leuten im Hinterhalt lauert. Keiner der königstreuen Ritter entkommt lebend dieser Falle. Noch heute heißt der Ort dieses Gemetzels *Totenhauptwiese*.

Geiselnahmen, Gefangene mit abgehackten Händen und Füßen und die Plünderung von Klöstern führen schließlich zum Kirchenbann des Papstes. Iváns Antwort ist die Erstürmung der Bischofsstadt Waitzen, heute das ungarische Vács. Eigenhändig erschlägt er den Bischof und alle Mitglieder des Domkapitels, seine Horden plündern Stadt und Kirche, hinterlassen Waitzen als rauchenden Trümmerhaufen.

Über das Ende des *Roten Iván* um 1312 scheiden sich die Quellen. Mal heißt es, er sei in einem Kampf auf Bernstein gefallen, ein anderes Mal, er wäre, seinem Räuberleben schließlich überdrüssig, friedlich auf seinen Gütern gestorben.

Dass sein Geist ob der zu Lebzeiten begangenen Schandtaten keine Ruhe finden kann, wird schon seit Jahrhunderten behauptet. Anton von Gyömörey, ein Freund des einstigen Schlossbesitzers, des Großvaters von Berger-Almásys Frau, sammelte 1927 all die unheimlichen Geschichten über Bernstein in einem Buch.
Den Dorfbewohnern war das Gespenst damals so vertraut, dass sie ihn nur den *Schlosshansl* nannten, nach Johann, der deutschen Form für Iván. Bald sah man ihn *im inneren Burgtor vor der Kapelle stehen, bald beim alten Nussbaum am Tümpel* vor den Mauern. Häufig sollen die Zeugen die Geschichte zuvor nicht gekannt haben. *Schon oft wurde seine Existenz als Märchen abgetan und bloß das einfache und ungebildete Volk* glaube daran. Doch existieren Berichte aus verschiedenen Jahrhunderten und die Beschreibungen stimmen stets sehr genau überein. Eine der erstaunlichsten Schilderungen stammt von einem russischen Gardeoffizier. Der Adelige war während des Ersten Weltkriegs als Gefangener standesgemäß auf Schloss Bernstein untergebracht:
... In einem Zimmer des ersten Stockes wacht derselbe, der erst seit einigen Tagen im Schloß wohnt und vorher weder von der Geschichte noch von den Sagen des Schlosses etwas gehört hat, um zwei Uhr nachts plötzlich auf und sieht in der Mitte seines kleinen Zimmers in intensivem Licht eine aufrechtstehende hohe Männergestalt vor sich. Die Gestalt hat einen leichten ungarischen Helm auf dem Kopf und trägt einen Kettenpanzer am Leib, der die Ärmel eines roten Wamses sehen läßt. Gelbe Handschuhe, rote Hosen und braune Stiefel vervollständigen die Kleidung der Erscheinung. Das Gesicht derselben ist vom Helm beschattet. Als der Offizier, in der Meinung, einer seiner mitgefangenen Kameraden mache mit ihm einen Scherz, die Gestalt anspricht, tritt sie plötzlich näher, beugt sich über ihn und zeigt dem Erschreckten das bleiche, von einem roten Bart umrahmte Gesicht eines etwa fünfzigjährigen Mannes mit kaltem, grausamem Blick in den Augen. Plötzlich ver-

schwinden Lichtschein und Gestalt. Der im selben Zimmer schlafende Kamerad des Offiziers, der auf seinen Aufruf aufgewacht ist, hat überhaupt nichts gesehen. Die Tür ihres Zimmers war, wie sie sich gleich überzeugten, von innen verriegelt ...

Wenig älter ist der folgende Bericht:
Im Frühsommer des Jahres 1913 etwa um 11 Uhr abends werden die Tochter des Hauses und ihre Kusine in der Abenddämmerung durch ... Schritte am Gang erschreckt, wobei gleichzeitig alle Türen des Raumes, in dem sie sich befinden, ferner die der Nachbarzimmer und die aller Schränke aufspringen. Die jungen Damen eilen mit einer elektrischen Taschenlampe auf den Gang. Unmittelbar an ihnen vorüber dröhnen Schritte, begleitet von einem metallisch schleppenden Geräusch, ohne daß irgendeine Gestalt zu sehen war. Die Türe am Ende des Ganges fällt krachend ins Schloß. Ein sofortiges Nachsuchen ergab, daß in den in Frage kommenden Räumen alles leer und niemand verborgen war, im Stiegenhaus jedoch das Wappen Iváns von Güssing, das an der Wand ziemlich hoch angebracht war, zerbrochen am Boden lag.

Wann wurde Iván eigentlich in unserer Zeit zuletzt gesehen?
»Meines Wissens nach vor etwa sechs Jahren«, überlegt Berger-Almásy. »Erasmus, meinem jüngsten Sohn, hat er sich gezeigt. Auch das ist eine sehr interessante Geschichte: Mein Sohn war damals zehn Jahre alt und wollte unbedingt sein eigenes Zimmer. Also gut, haben wir eben im Wohntrakt einen Raum adaptiert und dort ist er dann eingezogen.
Eines Nachts, nicht lange danach, steht dieses Monster leibhaftig vor ihm, am Fußende des Bettes, und grinst ihn an. In dem Moment, als Erasmus das Licht aufdreht, verschwindet der Spuk, aber auf der Bettdecke findet er doch tatsächlich ein rotes Haar. Erasmus blieb relativ gelassen, keine Spur von Panik, legte das Haar auf seinen Schreibtisch und beschwerte es mit einem Kerzenständer. Das wollte er uns am nächsten Morgen quasi als Beweis präsentieren. In der Früh war das Haar leider spurlos verschwunden.
Mein Sohn hat sich verständlicherweise dort nicht länger wohl gefühlt und so haben wir eben die Schlafzimmer getauscht. Und

was dann geschah, war wirklich ein Hammer: Dieser Raum liegt im ältesten Teil des Schlosses. Früher war das ein zinnenbewehrter Wehrgang neben dem Bergfried. Erst später, während der Renaissance, sind diese ursprünglichen romanischen Verteidigungsgänge zugemauert worden um Wohnraum zu schaffen. Zu Lebzeiten des *Roten Ritters* haben während der zahlreichen Belagerungen dort noch Kämpfe stattgefunden.
Eines Nachts im Herbst, die letzten Gäste waren bereits abgereist, wache ich auf und im Gang vor unserer Schlafzimmertür herrscht ein unglaublicher Lärm: Kampfgeschrei, lautes Brüllen vieler Männer, Waffengeklirr. Da draußen war zweifellos die Hölle los! Durch den Spalt unter der Tür flackerte Licht. ›Ich muss träumen‹, war mein erster Gedanke. Dann aber hörte ich meinen Hund wie verrückt an der Tür kratzen und panisch jaulen. Er wollte unbedingt rein, ich allerdings um keinen Preis öffnen, wie Sie sich vielleicht vorstellen können. Ich versuchte meine Frau zu wecken. In dem Moment, wo mir das schließlich gelang, war der ganze Höllenspuk mit einem Mal vorbei. Der Hund aber kratzte immer noch an der Tür, die Spuren sind noch heute zu sehen, und schlussendlich hab ich ihn reingelassen. Der ist pfeilschnell unter dem Bett verschwunden, war völlig verstört und ließ sich die nächsten drei Tage nicht mehr blicken.
Eine Variante der historischen Überlieferung besagt, Iván von Güssing sei in diesem Teil des Schlosses von einem Armbrustpfeil getroffen worden und später daran gestorben. Seine Präsenz dort ist auch wirklich sehr stark. Früher habe ich äußerst schlecht geschlafen, meinte ständig, irgendetwas hocke auf meiner Brust. Ich bekam nur schwer Luft und ständig war mir kalt. Meine Frau hat das dann ausgependelt und deutlich eine Form von Energie gespürt. Wir haben uns zuletzt beide stark konzentriert und mehrmals hintereinander vor uns hin gesprochen: ›Verschwinde hier! Du hast hier nichts verloren! Das ist unser Schlafzimmer, raus hier!‹ Seither haben wir das Gefühl, er hat den Raum verlassen, ist zumindest auf den Gang hinausgezogen. Zu gewissen Zeiten treten diese Phänomene intensiver auf, etwa in der Karwoche. Da kommt es manchmal immer noch vor, dass er etwa penetrant klopft. Er will dann unbedingt herein. Aber wenn wir daraufhin

›A Ruah is!‹ brüllen, verschwindet er. Die Tür sitzt übrigens fest im Rahmen und Windzug gibt es dort auch keinen.
Ich bin ja davon überzeugt, dass diese Phänomene auch tagsüber stattfinden, nur eben in abgeschwächter Form. Man merkt das dann nicht so, denn speziell in den Sommermonaten herrscht hier ziemlicher Betrieb. Das Schlagen von Türen ist wohl ein Standardprogramm irgendwelcher Geister, geht aber für gewöhnlich in den Alltagsgeräuschen völlig unter. Unangenehm bewusst wird einem das erst im Winter, wenn nur noch die engere Familie hier wohnt. Hört man da Geräusche, die es einfach nicht geben dürfte, wird es mitunter ziemlich unheimlich. Manchmal fallen Bilder herunter, die hundert Jahre und länger an ihrer Stelle gehangen haben. Stets zu den passenden Gelegenheiten – als etwa vor einigen Jahren ein Kardinal das Zeitliche gesegnet hat, fand sich am selben Tag das Gemälde unseres bischöflichen Ahnherrn am Boden. Ähnliches passiert relativ häufig.«

In dem Buch von 1927 findet sich ein denkwürdiger Besuch des *Roten Iván*:
So sieht im August des Jahres 1895 die im Kindbett liegende Schwiegertochter des Schloßherren im halben Traumzustand einen Mann in Stulpstiefeln, verschnürtem rotem Rock und brennroten Haaren die Freitreppe hinaufsteigen, hört ihn mit schweren dröhnenden Schritten den langen Gang entlang gehen. Er bleibt vor der Tür des Nachbarzimmers, in dem der am Abend auf die Welt gekommene Knabe schlummert, stehen, schüttelt gegen ihn wild drohend die Fäuste und bricht in ein wüstes Hohngelächter aus. Die Mutter fährt erschrocken auf und fragt die am Bette sitzende Wärterin, wer so grell aufgelacht habe, wird aber von derselben beruhigt, dass sie geträumt habe. Erst nach Wochen hört sie dann durch Zufall über die angebliche Existenz des »Roten Ivan« und wird aufgeklärt, daß die von ihr beschriebene Gestalt mit der des Volksglaubens identisch sei.

»Die englische Amme will ihn damals auch gesehen haben«, ergänzt Almásy-Berger. »Sie war nebenan beim Baby und schilderte später, wie sich *Iván* über das Neugeborene beugte, sich wild die

Haare raufte und in fürchterliches Gelächter ausbrach. Sie selbst ist währenddessen völlig erstarrt in einer Ecke gestanden und war so geschockt, dass sie kurz darauf gekündigt hat.«

Das Baby, welches damals gespenstischen Besuch erhielt, wird einige Jahrzehnte später als Wüstenforscher bekannt und noch später, in unserer Zeit, post mortem, als »Der englische Patient« weltberühmt. Mit richtigem Namen hieß der Großonkel der heutigen Besitzerin Laszlo Eduard Graf Almásy. Er war Automobilpionier und während des Ersten Weltkriegs Pilot der k. u. k. Luftwaffe. Während des vergeblichen Restaurationsversuchs 1921 war Almásy Chauffeur des abgedankten Kaisers Karl.

In den zwanziger Jahren testete er in Ägypen Steyr-Fahrzeuge unter extremen Bedingungen und entwickelte in dieser Zeit seine Leidenschaft für die Wüste. Zusammen mit Prinz Ferdinand von Liechtenstein gelang ihm die erste Afrikadurchquerung per Automobil. Anfang der dreißiger Jahre schloss er sich einer englischen Expedition an und entdeckte die mythische Oase Zarzura. Almásy beherrschte sechs Sprachen, fand unter anderem den höchsten Berg der östlichen Sahara, jahrtausendealte Felszeichnungen und erforschte die letzten weißen Flecken der östlichen Sahara.

Im Zweiten Weltkrieg spionierte er für die Deutschen hinter den englischen Linien. Mehrere Geheimoperationen für Feldmarschall Rommels Afrikakorps wären ohne Almásys Wüstenerfahrung gescheitert. Auf spätere Vorwürfe, mit den Nazis sympathisiert zu haben, meinen seine Biografen hingegen, Ideologien seien ihm zeitlebens egal gewesen. Der Filmcharakter samt Liebesgeschichte des mit neun Oscars prämierten »Englischen Patienten« ist aber weitgehend erfunden. Almásy starb nicht an schweren Verbrennungen in der Toskana, sondern 1951 in Salzburg. Todesursache war eine nicht ausgeheilte Amöbenruhr. Auch geht man heute davon aus, dass er homosexuell war. In seinem Nachlass fanden sich achtzig leidenschaftliche Liebesbriefe an einen Wehrmachtsoffizier.

»Es gibt nicht mehr viele, die ihn noch gekannt haben«, meint Alexander Berger-Almásy. »Er wurde zwar auf Bernstein geboren, hatte auch immer eine Wohnung in der Burg, war aber nicht sehr oft hier. Außer er hat wieder mal Geld gebraucht. Bernstein

war Fideikommiss, das heißt unteilbares Familienvermögen, sein Bruder, Janos von Almásy, der Erstgeborene, war daher der Großgrundbesitzer. Ob er selbst irgendwelche einschlägigen Erlebnisse hier hatte, ist mir nicht bekannt, aber seinem Bruder, dem passierte so etwas häufig.« Den 1969 verstorbenen Großvater seiner Frau habe der Schlossherr zwar nicht mehr persönlich gekannt, aber immer wieder gehört, er sei ein »unglaubliches Medium« gewesen. Und lange nach seinem Tod soll er selbst einmal erschienen sein.
»Ein Verwandter erzählte vor zwei Jahren, ihm sei am Gang ein älterer Mann begegnet. Unfreundlich habe er gewirkt, missmutig vor sich hin grummelnd sei er dann in einem Zimmer verschwunden und habe die Tür hinter sich zugeschlagen. Das war im Winter. Außer uns und einigen Verwandten war niemand im Schloss. Wie sich herausstellte, war der besagte Raum früher das Arbeitszimmer des Großvaters. Außerdem soll die Beschreibung haargenau auf ihn gepasst haben. Zu seinen Lebzeiten hat ihn der Zeuge nicht gekannt, und ein Foto kann er auch nicht gesehen haben«, schmunzelt der Schlossherr, »weil der Großvater war unheimlich eitel – im ganzen Haus gibt es ausschließlich Jugendfotos von ihm.«
Auch sei er zeit seines Lebens sehr sensitiv gewesen, der alte Herr. So habe er zum Beispiel häufig die *Weiße Frau* von Bernstein gesehen. Denn der schreckliche *Rote Iván* ist nicht das einzige Gespenst im Schloss.
In schweren Kriegszeiten oder zu Zeiten großer Umwälzungen belebt die in nächtlicher Stille liegenden Räume des Schlosses Bernstein ein seltsamer Gast. Ein armes, ruheloses Wesen, das im Schloß bald hier, bald dort auftaucht, mit traurig gesenktem Haupte die Räume durchschwebt und die erschreckten Bewohner mit bittenden, winkenden Gebärden zu bewegen sucht, ihr zu folgen. Das Ziel ihrer Wanderungen ist gewöhnlich die Schloßkapelle, in der sie vor dem Altar in andächtig betender Stellung in die Knie sinkt, weiß Anton von Gyömerey 1927 zu berichten.
Die ältesten mündlichen Erwähnungen, allerdings aus zweiter Hand, reichen bis in die Kriegsjahre 1859, 1864 und 1866 zurück. Eine Häufung von Sichtungen tritt dann wieder zu Beginn des 20. Jahrhunderts auf:

Mit der Jahrhundertwende hörte man auf einmal wieder von der »Weißen Frau« sprechen. Um 1905 herum war schon das ganze Dorf voll Gerede über merkwürdige Vorkommnisse im Schloß. Vom Sommer 1910 stammt der erste authentische Bericht über die Erscheinung ... Ein entfernter französischer Verwandter der Schloßbesitzer weilt als Gast in Bernstein und hat Gelegenheit, die Erscheinung in drei Fällen in aller Ruhe beobachten zu können und über solche ein Urteil zu fällen. Er ist als Skeptiker gekommen und verläßt das Schloß als Glaubender ...
In den nächsten Jahren folgt eine Beobachtung der anderen. Die »Weiße Frau« zeigt sich immer häufiger und immer mehr Personen auf einmal. Schließlich am 7. September 1912, anläßlich eines Fackelzuges der Dorffeuerwehr, erscheint sie der versammelten Familie in Anwesenheit einer Anzahl Dorfbewohner.

Der Höhepunkt der Sichtungen erfolgte im Jahr 1914, am Vorabend des Ersten Weltkriegs. Bis 1921 wurde sie danach immer wieder von verschiedenen Personen wahrgenommen, dann rissen die Sichtungen für längere Zeit ab. Die Beschreibungen gleichen einander sehr stark. So wird immer wieder von einem intensiven grünlich-gelben Licht berichtet.
Im Kern des Lichtkegels wandelt eine kleine, äußerst zierliche Frauengestalt mit vollem über die Schulter fallendem Haar, traurig ins Leere starrenden Augen, etwas nach links geneigtem Kopf, an den Hals oder die linke Wange geschmiegten, gefalteten Händen. Es gab Leute, die behaupteten, sie berge mit den Händen eine Halswunde, andere wollten sogar das Ende eines Stiletts, aus dem Hals hervorragend, gesehen haben ... Auf dem Haupte trägt die Gestalt eine sogenannte Párta – einen ungarischen kronenartigen Frauenschmuck –, aus deren Mitte das grüne Licht am intensivsten leuchtet. Ein weißer durchscheinender Schleier hüllt die Gestalt zum Teile ein.
Besonders oft wurde die Erscheinung kniend in der Schlosskapelle wahrgenommen. Aus unerfindlichen Gründen feuerte ein Beobachter dieser Szenerie einmal sogar seinen Revolver auf sie ab. Der Lichtschein erlosch im gleichen Augenblick, die Weiße Frau verschwand, um kurz darauf wieder aufzutauchen.

Die Steinstufen vor dem Altar wiesen die Spur des Projektilaufschlages auf, das Projektil selbst wurde in deformiertem Zustand in einem Winkel seitlich des Altares gefunden.
Ein anderesmal faßte einer der Beobachter den Entschluß, die Erscheinung anzusprechen. Er eilte ihr, als sie die große Treppe hinaufschwebte, nach und rief sie in leichtfertigem Tone an. Die Erscheinung blieb stehen und drehte sich um. Sie sah mit starrem Blick auf ihn, aber gewissermaßen durch ihn durch ins Leere. Der Blick machte auf ihn einen derart entsetzlichen Eindruck, daß er verstummte und die Stiege wieder hinablief. Er fand keine Worte, die Schrecklichkeit des Blickes zu beschreiben, der ihn getroffen hatte.
Anton von Gyömerey gelang es damals, ganze sechsundzwanzig Augenzeugen ausfindig zu machen. Viele schickten ihm eine schriftliche Schilderung ihrer Erlebnisse mit der *Weißen Frau*.
Hier einige Auszüge:
... Plötzlich aber ging eine zierliche Frauengestalt in weißwallenden Gewändern, die Hände über die Brust gekreuzt, das feine Profil gesenkt, die langen, offenen Haare von einem dünnen, weißen Schleier bedeckt, ganz nahe, etwa zwanzig Schritte, vor uns vorbei und auf die Hintertreppe zu. Mein erster Gedanke war: ›Wer mag das sein?‹ Aber im nächsten Moment erstarrte mir das Blut in den Adern und mein Atem stockte vor jähem Entsetzen, denn die Gestalt war zur Hintertreppe gelangt und glitt hinauf in einer Weise, die nicht irdisch war. Es war kein Fußeheben, kein Steigen die hochstufige Stiege hinauf, kein Raffen der überlangen Gewänder, kein Gehen, sondern ein entsetzliches, unheimlich schnelles Schweben und Gleiten, so daß ich in lähmendem Schreck erkennen mußte: das ist kein Mensch, kein Lebewesen. Meine Vettern liefen der Gestalt nach, an der jäh verlöschenden Lampe vorbei, doch als sie zur Stiegenecke kamen, war die weiße Gestalt in Nichts zerronnen ...

... wir sahen beide durch das Oratoriumsfenster in die Kapelle hinunter, wo die weiße Gestalt deutlich vor dem Altare kniete. Sie war von einem grünen Licht umgeben oder eigentlich, möchte ich sagen, sie hatte es an sich; es sah aus, als hielte sie es vorne an der

Brust und es schimmerte durch den Schleier, den sie auf dem Kopfe trägt ...

... so rannte ich denn auch gegen die ›Weiße‹ an oder vielmehr ich rannte, ohne den geringsten Widerstand zu empfinden, durch sie durch, kehrte so schnell als möglich um und sah sie eben noch die große Stiege hinaufschweben. Damals hat sie den Kopf gegen mich zurückgewendet und ich meinte, sie hebe die Hand. Gesprochen habe ich nicht zu der Erscheinung, sie schien mir rührend und hilflos und dennoch hatte ich damals Angst ...

Nun noch die Schilderung eines »absoluten Skeptikers«:
Ich habe im November 1912 einige Male Gelegenheit gehabt, das ›rätselhafte Licht‹ beobachten zu können. Trotz sofortigen Nachlaufens und Absperrens der Türen erschien es immer dort, wo man ihm auflauerte. Zum Beispiel waren beide Türen geschlossen, beim Aufgang stand ich, ich sah das Licht, lief nach, die Türen waren wie früher versperrt und ringsum dunkel. Auch habe ich bemerkt, daß dem Erscheinen des Lichtes, welches einen gelbgrünen Schein hat, ein Rauschen, wie von einer Seidenschleppe vorausgeht. Da ich einen Schwindel oder eine künstliche Instandsetzung des ›Lichtes‹ ausschließe, habe ich mir folgende Definition zurechtgelegt: ›Es ist dies eine uns unbekannte wandernde Lichtquelle, die durch etwas uns Unbekanntes ausgelöst wird.‹ Die ›Weiße Frau‹ sah ich nie und glaube an keine ›Geister‹.

»Die Erscheinung«, fasst Alexander Berger-Almásy zusammen, »bewegt sich völlig geräuschlos. Nur manchmal ist vom knisternden Rascheln ihrer Gewänder die Rede, so als ob Seide über den Boden schleift. Auch geht sie nicht wie ein Mensch, sondern sie schwebt. Oft deutet sie einem mitzukommen. Vielleicht will sie erlöst werden, vielleicht möchte sie zu der Stelle führen, wo sie gestorben ist, wie auch immer. Jedenfalls konnte ihr bisher niemand folgen, denn sie verschwindet immerzu, löst sich einfach in Nichts auf oder geht durch eine Mauer. Richtige Sichtungswellen sind aus den Jahren 1913/14 und später dann 1938 überliefert, als warne sie vor ausbrechenden Kriegen.

Es hat immer geheißen, dieser Geist sei den Almásys und Freunden der Familie besonders verbunden. Schon dem Großvater wurde als Kind gesagt, es lebe eben *noch jemand* hier im Schloss. Den sehe man nur selten, nichtsdestotrotz gehöre er genauso hierher. Das sei eben die *Weiße Frau*. Diese Tradition haben wir fortgesetzt und unseren Kindern das ebenso erklärt.
Auch erscheint sie häufig vor Todesfällen in der Verwandtschaft, beziehungsweise bevor Menschen sterben, die dem Schloss und der Familie sehr verbunden sind. Ein Freund von uns sah sie eines Nachts am Fußende seines Betts stehen. Sie winkte ihm mitzukommen, er war fasziniert, blieb aber liegen. Kurz darauf ist er dann gestorben. Es hat den Anschein, als hätte sie sich von ihm verabschiedet.
Obwohl ich es mir wünschen würde, ist sie mir bisher noch nie begegnet. Ich kenne nur die Erzählungen meiner Gäste. Sie erscheint relativ häufig, etwa drei Mal im Jahr. Besonders Amerikanerinnen sind da sehr empfänglich, obwohl…«, wieder blitzt kurz der Schalk in den Augen des Schlossherrn auf, »ehrlich gesagt, manchmal haben sie auch zu viel getrunken. Einmal hatten wir die Präsidentin einer Hexenvereinigung aus San Francisco hier. Sie wollte unbedingt das Zimmer, in dem sich ›die Weiße‹ am häufigsten zeigt. Wenn aber jemand mit dieser festen Absicht kommt, dann passiert überhaupt nichts. Das haben wir schon festgestellt. Meist sind es die Ungläubigsten, die tatsächlich etwas erleben, nicht jene, die sich davor fürchten oder unbedingt etwas sehen wollen.«

Die *Weiße Frau* von Bernstein hat sogar einmal für ein Foto Modell gestanden. Auf der Abbildung ist eine helle Fläche vor dunklem Hintergrund zu sehen.
»Das war im Sommer 1913, also ein Jahr vor Ausbruch des Ersten Weltkriegs. Über mehrere Wochen hindurch wurde sie zu dieser Zeit tagtäglich gesehen. Immer kam sie aus der Schlosskapelle, ging über den Hof, die Stiege hinauf, am Festsaal vorbei und verschwand dann irgendwo im Gang. Mit einer uralten Plattenkamera hat wahrscheinlich jemand aus der Familie, so genau weiß man das nicht mehr, versucht, sie zu fotografieren. Der Apparat

wurde bereits bei Tageslicht mit dem Objektiv gegen die Tür des großen Saales platziert, eine Stelle, die sie damals immer passierte. Täglich wurde eine neue Platte eingelegt. Die Fotografen lagen Tage und Nächte auf der Lauer, bis ihnen endlich eine Aufnahme gelang. Die Gestalt auf dem Foto wurde durch das stundenlange Offenstehen des Apparats stark überbelichtet und ist daher sehr verschwommen. Eine genaue Einstellung der Kamera war in dieser Situation wohl unmöglich. Trotzdem erkennt man auf dem Bild ungefähr ihr Aussehen – genau so kann man sie sich auch vorstellen: Sie ist nicht sehr groß, ungefähr einen Meter sechzig, sie trägt einen weißen Schleier sowie eine Art Schleppe, und ihr Kopf hängt leicht zur Seite. Außerdem soll ein smaragdgrünes Leuchten von ihr ausgehen, was man auf dem Foto natürlich nicht erkennt. Aber viele, die ihr begegnet sind, erwähnen das. Und sie geht nicht, sondern sie schwebt.
Natürlich hätte man beim Entwickeln oder Vergrößern etwas in das Foto hineinblenden können, das ist überhaupt kein Problem. Was aber stutzig macht, ist, dass unter der geschlossenen Tür ein Lichtschein herausdringt. Ein Experte hat mir erklärt, es sei 1913 unmöglich gewesen, künstlich so einen starken Lichtschein zu erzeugen. Diese Filmplatten waren ja noch nicht so empfindlich, obendrein war das eine Nachtaufnahme. Das sei eben der Beweis für die Echtheit dieses Fotos.«
Es ist nicht klar, ob es sich bei den beiden Fotos um ein Original und eine später retuschierte Kopie oder um zwei gänzlich verschiedene Aufnahmen handelt. Damalige Experten sind sich darüber einig, dass es sich um keine Fälschungen handelt. Die Erklärungen, meist sehr technisch und ausführlich, sind für Interessierte im Anhang zu finden (Seite 182).

Etwas makaber ist die Interpretation eines Geistlichen, der das Foto »vom theologischen Standpunkt« her untersucht hat:
Alle Beschreibungen stimmen überein, daß sie das Bild einer wandelnden Leiche bieten dürfte. (Schleierverhüllung – Leichenhülle, aufgelöstes Haar, eigentümliche vorgeneigte Haltung des Kopfes …; dreht man das Bild um 90 Grad und denkt sich einen Kopfpolster unterlegt, bietet sie den Anblick einer Leiche im Sarg!) … Das Pho-

to zeigt deutlich eine lange, eingerollte Schleppe (Prachtkleid bei der Aufbahrung!), mit der eine menschliche Person ohne fremde Hilfe nicht gehen könnte!

(Grabinski: »Spuk- und Geistererscheinungen«)

Dazu passt folgender Hinweis bei Anton von Gyömerey:
Bis zur Mitte des vorigen Jahrhunderts (des 19., Anm.) *existierte in Schloß Bernstein ein Ölgemälde, von Meisterhand gemalt, das die Leiche einer in weißem Prunkkleid, mit vollem Schmuck aufgebahrten Edelfrau darstellte, einer zarten, von einem weißen Schleier halbverhüllten Gestalt, im fahlen Licht der zu Seiten des Sarges brennenden Wachskerzen. Die Leute glaubten von dem Bild, es sei das Konterfei der »Weißen Frau«. Im Laufe der Zeit ging dieses ... Gemälde verloren.*

Ebenso wie der *Rote Ritter* wird auch die *Weiße Frau* einer historischen Figur zugeschrieben. Der Sage nach soll es sich um den Geist von Cathalina Frescobaldi handeln, der Tochter eines italienischen Herzogs. Lorenz von Ujlak, mächtiger Burgherr von Bernstein, soll sie Ende des 15. Jahrhunderts aus der Toskana mitgebracht und geheiratet haben. Dem Italien der beginnenden Renaissance entrissen und auf eine vergleichsweise trostlose Festung im westlichen Ungarn verpflanzt, sehnte sich Cathalina, unglücklich und einsam, bald nach ihrer Heimat. Auch war ihr wesentlich älterer Gemahl, völlig ausgelastet mit Türkenkriegen, selten zugegen. Eines Tages erschien ein junger italienischer Edelmann und erbat das Gastrecht. Wie sich herausstellte, war es Cathalinas Jugendliebe. Einer Verschwörung wegen hatte er fliehen müssen und begonnen nach ihr zu suchen. Die junge Frau genoss seine Gesellschaft, bis die beiden Opfer einer Intrige wurden. Graf Ujlak überraschte das Liebespaar, erschlug den Italiener und warf seine Leiche in den tiefen Brunnen des Schlosses. Cathalina ließ er lebendig begraben – er mauerte sie in einer Wandnische ein. Sie musste qualvoll verhungern, wobei eine Variante lautet, er habe sie vorher durch einen Stich in den Hals getötet. Ihre Leiche wurde nie gefunden.
Der Brunnenschacht ist heute noch zu sehen. Zweiundvierzig Me-

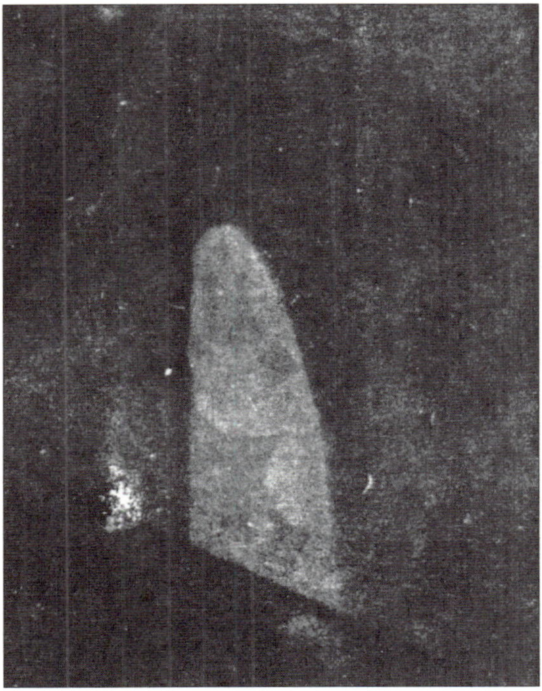

Unausgereifte Fototechnik: Die Weiße Frau im Sommer 1913

ter ist er tief. Früher sind es weit mehr gewesen, denn »entsorgt« wurde in ihm schon immer. Nach der letzten Pestepidemie, zu Beginn des 18. Jahrhunderts, verschwand die gesamte Einrichtung des Schlosses sowie der verpesteten Häuser des Ortes in diesem Schacht und wurde mit Erde bedeckt. Manchmal soll sich noch die blutige Gestalt des toten Italieners, am Brunnenrand sitzend, zeigen, allerdings viel seltener als die *Weiße Frau*. Sie ist dermaßen bekannt, dass es auch für ihren Geist im Volksmund einen Namen gibt: Die »Böse Kathl«.
Eine Bezeichnung, die ihr laut Berger-Almásy nicht gerecht wird: »Die *Weiße Frau* ist eine absolut positive Erscheinung. Sie ist ein guter Geist, strahlt eine starke Wärme aus.« Der Schlossherr hat *Cathalina* zwar noch nie gesehen, aber mit Hilfe eines Mediums

aus Wien sei es ihm gelungen, sie zu spüren. »Dieser Mann ist in der Lage, Verstorbene wahrzunehmen. Wir sprachen damals, so wie jetzt, über sie, und da meinte er, er könne sie sehen, gerade komme sie die Stiege herunter und bleibe am Fuß der Treppe stehen. Er sagte uns, so ein Phänomen hätte eine sehr starke Ausstrahlung. Wenn man sich an die Stelle begibt, wo es gerade stattfindet, wo sie gerade existiert, könne man ein unglaublich erhebendes Gefühl wahrnehmen. Er hat meiner Frau und mir gesagt, wir sollen dort, wo er sie sehen konnte, die Arme ausstrecken und uns einmal um die eigene Achse drehen.

Und genau so war es auch. Unabhängig voneinander spürte jeder von uns intensive Wärme, ein ungemein positives Gefühl, wie auf einem Kraftplatz. Dort habe ich sie quasi *gespürt*. Ja, und einmal habe ich sie *gerochen*. Das war ein richtiges Massenphänomen.«

Berger-Almásy hatte sich gerade mit seinen Gästen in das Kaminzimmer zurückgezogen, als »draußen die Türe zum Hof plötzlich auf- und gleich darauf wieder zugeht. Außer den Anwesenden ist definitiv niemand mehr im Schloss gewesen. Wir hören alle, wie draußen jemand die Glocke betätigte, und danach Schritte, die immer näher kommen und schließlich vor unserer Tür Halt machen. Das Gespräch verstummt, jeder will sehen, wer da jetzt reinkommt. Dann wird uns bewusst, dass eigentlich alle ohne Ausnahme in diesem Raum versammelt sind. Einer von uns fasst Mut und öffnet die Tür. Alle blicken wir zu der Stelle, wo jetzt eigentlich ein Mensch stehen sollte, aber es ist niemand zu sehen. Daraufhin besprechen wir aufgeregt dieses Phänomen und auf einmal durchzieht ein intensiver Veilchenduft das ganze Zimmer. Alle haben das gerochen, es war unglaublich. Dieser Geruch wird der *Weißen Frau* zugeschrieben, der *Rote Ritter* duftet sicher nicht nach Veilchen!«

Vor einiger Zeit habe er eine interessante Theorie zu diesem Phänomen gehört, so Berger-Almásy:

»Berichte von umgehenden Ahnfrauen gibt es ja relativ häufig in alten Schlössern und Burgen. Eine Ethnologin erzählte mir kürzlich, dass sich keltische Stämme sehr oft auf Plätzen niedergelassen haben, die sie für heilig hielten. Auch Bernstein soll auf so einem Kelten-Heiligtum stehen. Bewohnt war die Gegend zu dieser Zeit

Retuschiert, aber angeblich echt: Cathalina Frescobaldis Geist?

sicher, denn auf Grund einer speziellen Keramikkultur lässt sich eine Besiedlung bis 3500 vor Christus nachweisen. Und weil es ein guter Platz war, haben die nachfolgenden Generationen wohl auch hier gebaut. Die Kelten jedenfalls verehrten eine Lichtheilige, die sehr ähnlich unserer *Weißen Frau* beschrieben wird. Nach dem Mord an dieser Cathalina Frescobaldi aus Mailand hat meiner Meinung nach der Volksmund ihre Geschichte auf ein schon vorhandenes Wesen übertragen. Es gibt natürlich keinen Beweis, aber ich glaube, dass es sich um eine keltische Lichtheilige handelt, dass diese Erscheinung somit wesentlich älter ist, als man gemeinhin annimmt. Das ist natürlich nicht verifizierbar, weil es gibt für solche Dinge wie immer keinen Beweis. Ich halte diese Theorie aber für glaubwürdiger, denn wieso sollte das Opfer einer Gewalttat eine positive Erscheinung sein? Von Geistern Ermordeter, so heißt es doch landläufig, gehen ja immer Kälte und Beklemmung aus.«

Eine Zeit, wo immer besonders viel passiere, sei die Karwoche. »Zu Ostern haben wir jedes Jahr eine Messe hier. Meine Frau wollte dafür einmal die letzten Vorbereitungen treffen und entdeckte Licht in der abgeschlossenen Kapelle. Mitten in dem Ensemble nagelneuer Kerzen fand sie dort eine einzige brennend. Sie hat sich noch wahnsinnig geärgert, denn die neuen Kerzen sind alle gleich hoch. Sobald eine brennt, passt sie normalerweise nicht mehr ins Arrangement. Aber diese eine Kerze war nicht kleiner geworden, obwohl die Flamme schon an die zehn Stunden alt sein musste. Während dieser Zeit hatte niemand die Kapelle betreten. Ostern war ja auch bereits ein keltischer Feiertag. Die Auferstehung wurde von den Christen bewusst auf diese Zeit gelegt, um die alten heidnischen Feste zu überdecken.

Bernstein, so meinte einmal der Philosoph Rudolf Steiner zum Großvater meiner Frau, sei ein magischer Platz mit jahrtausendealter Tradition, ein Ort, an dem die Götter wohnen.«

Ob keltische Lichtheilige oder neuzeitliches Mordopfer, Menschen jagt sie immer noch Schrecken ein. Lieselotte Benedikt aus Deutschland ist eine Freundin von Almásy-Berger und außerdem die Taufpatin seines jüngsten Sohnes. Ihre erste Begegnung mit der *Weißen Frau* schildert sie im folgenden Brief:

... 1990 verbrachte ich die Weihnachtsfeiertage auf der Burg Bernstein. Ich wohnte im Kishep-Appartement, bestehend aus Salon, Bad und Schlafzimmer. Eines Nachts gegen drei Uhr, es war totenstill im Raum, erschien mir die Weiße Frau.

Als ich aufwachte, schwebte sie über dem Kleiderkasten. Sie war in ein weißes Gewand gehüllt, auch ihr Kopf. Eine lichte Aura umgab sie.

Ich setzte mich im Bett aufrecht hin, machte eine Handbewegung und sagte: ›Geh weg!‹ Sie verschwand durch die Wand in das Zimmer von Erasmus, welches sich an das meinige anschloss. Ich lauschte noch eine Weile, ob ich Fußtritte hörte, glaubte ich doch, Alexander und Andrea hätten sich mit mir einen Spaß erlaubt und die Weiße Frau, von der sie meinem Mann und mir schon früher erzählt hatten, auf einer Stange über dem Kasten gehalten. Ich hörte absolut nichts. Trotzdem glaubte ich noch nicht an das ganze Geschehen. In der Früh sagte ich zu Alexander: ›Das dürft ihr mit mir nicht machen. Ich war sehr erschrocken in der Nacht und konnte nicht wieder einschlafen.‹

Er wusste nicht, wovon ich sprach. Es gesellte sich seine Schwiegermutter, die mittlerweile verstorbene Gräfin Maria de la Pace Kuefstein-Almásy, zu uns. Wir erzählten ihr noch einmal die Vorkommnisse der Nacht. Daraufhin nahm sie mich in den Arm und sagte: ›Nun hat die Burg dich angenommen. Die Weiße Frau ist ein guter Geist. Sie wird dich beschützen.‹

So weit meine Geschichte. Sie hat dazu beigetragen, dass Bernstein inzwischen mein zweites Zuhause geworden ist. In jedem Jahr bin ich mindestens einmal dort.

Lieselotte Bendedikt, Beckum im April 2004

Vom Schlossherrn alleine gelassen, durchwandern die Besucher die weitläufigen Trakte des Schlosses. Noch hat die Saison nicht begonnen und in den unbeheizten Gängen ist es kälter als draußen. Die Gästezimmer, oder besser Gemächer, sind nicht abgeschlossen und jedes einzelne wirkt, als hätten es die Ahnen eben erst verlassen. Eine Tür nach der anderen wird geöffnet, neugierig begutachtet man das alte Mobilar und die Gemälde an den Wänden. Dazwischen hallen zwei Stimmen abwechselnd in den Gängen: »Iván, zeig dich! Iván, zeig dich!«

Doch als die nächste Tür aufgerissen wird, verbirgt sich dahinter kein Schlafsaal. Vielmehr glotzt ein Skelett mit hohlen Augen aus der Kammer. Entsetzt schreien die Besucher auf, bis sie schließlich die Drähte zwischen den Plastikknochen bemerken. Der Schlossherr beliebt eben gerne zu scherzen. Manchmal zumindest.

DIE GEISTERKUTSCHE

Therasburg, Waldviertel, Niederösterreich

Typisch für die Gegend sind menschenleere Dörfer. Zumindest an Wochentagen. Missingdorf bildet hier keine Ausnahme. Hinter dem kleinen Ort fällt die Straße steil ab, um vom Boden des Pulkaubachtals neuerlich anzusteigen. »Nach zwei Kilometern links abbiegen!« So hat die telefonische Wegbeschreibung gelautet. Aber zwei Kilometer hinter Missingdorf ist nichts zu finden. Wenige Minuten später kommt bereits Theras in Sicht. Wieder dasselbe Bild: Von den ausgewiesenen zweihundertsiebzig Einwohnern zeigt sich kein einziger. Also wieder zurück, in gemächlichem Tempo die einsame, gänzlich verkehrslose Straße entlang. *Röhrawiesen* steht auf der unscheinbaren Hinweistafel. Es ist die einzige auf der Strecke zwischen den beiden Dörfern. Beim ersten Versuch wurde sie glatt übersehen. Diesen Weiler sucht man auf der gewöhnlichen Karte vergeblich, ihr Maßstab ist zu groß. Schon bald nach der Abzweigung wird die Straße zum schmalen Schotterweg und ein weiteres Schild weist auf Privatgrund hin. Die letzten Meter säumt eine Kastanienallee, dann ist das Ziel erreicht.

Zwei mächtige vierkantige Türme, die Mauern blassrot, dazwischen führt eine Steinbrücke über den Burggraben, hin zu einem schmiedeeisernen Tor. Der linke Flügel steht einladend offen.

»Diese Abgeschiedenheit der Therasburg«, erzählt Manfred Graf Attems-Heiligenkreuz wenig später, »haben die hiesigen Raubritter des 15. Jahrhunderts sehr geschätzt. Es war ein perfekter Schlupfwinkel. Einerseits sorgte die Nähe zum Pulkautal, damals eine wichtige Verbindung auf dem Weg nach Prag, ständig für reiche Beute, und andererseits konnten sie hier nicht so leicht gefunden werden. Falls trotzdem ein Feind anrückte, dann ging einfach die Zugbrücke hoch und die Mauern hielten jeder Belagerung

Die ehemalige Zugbrücke ist auch für unsichtbare Kutschen die einzige Zufahrt zur Therasburg

stand. Die Steine für ihren Bau wurden vor mehr als achthundert Jahren in Schwerstarbeit direkt aus den Felsen gehauen. Geografisch sind wir hier im Wein-, politisch im Waldviertel, geologisch aber in der Böhmischen Masse, das ist alles Gneis und Granit, also überaus hartes Gestein. Nur ein einziges Mal wurde die Festung erobert, von den Schweden in der Endphase des Dreißigjährigen Krieges. Ihren Kanonen konnte selbst Therasburger Gneis nicht standhalten.«

Graf Attems steigt die Treppe in den ersten Stock hinauf. Seit 1670 ist das Anwesen ohne Unterbrechung im Besitz seiner Familie. Am Küchentisch zeigt er Luftaufnahmen, die illustrieren, was bereits der Anfahrtsweg erahnen ließ: Die Therasburg liegt auf einem dominanten Hügel mitten im Wald, im weiten Umkreis nur gelegentlich von Kornfeldern unterbrochen. Die nächsten Siedlungen sind kilometerweit entfernt.

»Mein Vater erzählte, in seiner Kindheit gab es noch nicht einmal die Brücke über den Pulkaubach. Noch um 1910 war da lediglich eine Furt. Die Straße, auf der Sie gekommen sind, ist nach wie vor die einzige Zufahrt.« Durchs geöffnete Fenster dringt kein Geräusch, kein störender Straßenlärm, keine Kirchenglocken. Es herrscht fast absolute Stille. Ängstlichere Zeitgenossen würden hier sicherlich keine Nacht alleine verbringen wollen. Der promovierte Betriebswirt, ein ruhiger, kultivierter Gesprächspartner Mitte sechzig, aber lebt allein, ohne Bedienstete und Nachbarn. Seine bereits erwachsenen Kinder besuchen ihn nur tageweise und ständige Mitarbeiter im Forst- und Gutsbetrieb gibt es ebenfalls nicht. Um die anfallenden Arbeiten kümmert sich eine Firma, die je nach Bedarf Maschinen und Fachkräfte stellt. Einsam fühlt sich der Burgherr trotzdem nicht, er hat sich längst schon an die Abgeschiedenheit gewöhnt.
»Seit meiner frühesten Jugend ist mir jeder Winkel der Therasburg vertraut. Außerdem bin ich sehr oft in Wien, das ist nur eine Wegstunde entfernt. Aber kommen wir zum Grund Ihres Besuchs – hier ist im Laufe der Zeit so viel passiert, es liegt auf der Hand, dass es geistert.
Gleich nebenan im Kaminzimmer erscheint manchmal ein Kind. Verschiedene Verwandte, darunter meine Mutter und meine Stiefgroßmutter, haben immer dasselbe beschrieben: Sie betraten das Zimmer und dort stand mitten im Raum ein kleiner, blond gelockter Bub. Nach wenigen Augenblicken verschwand er dann, löste sich einfach auf. Es soll sich um den Geist meines Cousins handeln. Er war der Sohn meines Onkels und starb bereits im Alter von etwa vier Jahren hier auf der Therasburg. Das war noch während des Zweiten Weltkriegs. Die ersten Berichte über diese Erscheinung stammen meines Wissens nach aus den fünfziger Jahren. Solche Geschichten wurden damals aber in den Hintergrund gedrängt. In der Nachkriegszeit war meine Familie vollauf mit dem nackten Überleben beschäftigt. Es war eine sehr harte Zeit. In Wien lebten wir von den Care-Paketen der Amerikaner und von dem, was wir vom Land bekamen. Sooft es ging, fuhren wir daher ins Waldviertel, um wenigstens Grundnahrungsmittel zu besorgen. Damals gehörte die Burg meinem Onkel. Als Kind

verbrachte ich viel Zeit hier, im Sommer während der Ferien und manchmal auch an Wochenenden.
Auch später noch, als Student, hatte ich ein Zimmer hier. Dort bewahrte ich in einer Lade Pingpong-Bälle auf. 1973, als mein Onkel gestorben ist, sprangen diese Bälle wie verrückt in dieser Lade herum. In seinem Todesjahr passierte das häufig. Dieses Geräusch riss mich oft mitten in der Nacht aus dem Schlaf.
Um selbst irgendwelche Erscheinungen zu *sehen*, fehlt mir wohl das notwendige feine Sensorium. Allerdings hat mich vor zehn Jahren mein Großvater besucht. Das ist deshalb spektakulär, weil er in der Familiengruft begraben liegt. Seit 1938. Als er starb, war ich noch ein Baby, aber er muss eine beeindruckende Persönlichkeit gewesen sein, mir wurde viel von ihm erzählt.
Es war im Sommer '94, eine klare Nacht, die Fenster standen weit offen, meine damalige Frau und ich schliefen bereits. Kurz nach Mitternacht riss uns plötzlich ein furchtbarer Lärm aus dem Schlaf. Beide saßen wir im selben Moment aufrecht im Bett. Nachts ist es hier für gewöhnlich so still, dass jedes Geräusch dann besonders intensiv zu vernehmen ist. Und dieser Lärm war etwas ganz Charakteristisches, aber für unsere Zeit völlig Untypisches, nämlich galoppierende Pferde, und das Geräusch eisenbeschlagener Kutschenräder, die sich ratternd im Schotter drehen. Hat man das mal gehört, so bleibt einem das im Ohr. Ich dachte mir noch, wer ist so vermessen, da mitten in der Nacht mit einer Kutsche anzukommen? Da dröhnte der Hufschlag schon über die steinerne Brücke und in den Burghof herein. Die Kutsche stoppte abrupt und wir hörten jemanden vom Bock springen und ins Haus laufen. Natürlich stürzten wir sofort ans Fenster und schauten in den Hof hinunter – es war nichts und niemand zu entdecken, keine Kutsche, keine Pferde, keine Spuren im Schotter, nichts! Schlagartig war damit der Höllenlärm vorbei und es herrschte wieder die übliche Stille. Wie Sie von hier oben sehen können, ist der Hof nicht groß und leicht überschaubar. Auch ist die Ausfahrt viel zu schmal. Eine Kutsche, stünde sie einmal da unten, könnte unmöglich in so kurzer Zeit wenden und verschwinden. Das ist völlig unmöglich.
Warum ich so sicher bin, dass nur mein Großvater, besser gesagt sein Geist, für diesen nächtlichen Besuch in Frage kommt?

Zum einen war das damals sein Todestag. Das haben wir später überprüft. Zum anderen waren solche Kutschenfahrten ganz typisch für ihn, das Kutschieren blieb zeitlebens seine große Leidenschaft. Selbst einen Viererzug, also vier Pferde vorgespannt, jeweils zwei hintereinander, konnte er lenken. Das war nicht so selbstverständlich, nur wenige beherrschten diese Kunst. Autos hingegen hat er regelrecht gehasst – im Unterschied zu seinem Enkel, der ich bin –, aber für jede Gelegenheit besaß er die passende Kutsche, insgesamt mindestens ein halbes Dutzend, je nach Witterung oder Laune, je nachdem, wie weit er zu fahren beabsichtigte. Da gab es schnelle Gigs, also Einspänner, ganz leicht gebaut, dafür aber sehr rasant, vergleichbar etwa mit einem Sportwagen heute. Dann gleich mehrere Landauer, die galten seinerzeit als Glanzstück im Fahrzeugbau und sicher auch als Statussymbol. Das waren gut gefederte, hochelegante Reisekutschen mit zweigeteiltem Verdeck, nach vorne und hinten abklappbar, das Innere mit Samt ausgeschlagen, die Sitzbänke lederbezogen und gut gepolstert. Vier Personen fanden bequem darin Platz. Noch lange nach dem Krieg sind unten in der Garage welche herumgestanden. Sie waren dann den Autos im Weg und wurden nach und nach verkauft.
Mein Großvater ließ Ende des 19. Jahrhunderts die Burg renovieren und im Zuge dessen den Innenhof so ausbauen, dass er mit seinem Vierergespann eine volle Wende fahren konnte. Dafür war der eigentliche Burghof natürlich viel zu klein, deshalb mussten die Flügelmauern der Brücke durchbrochen werden und auch die Wand in den Vorkeller, denn durch diesen führte dann ein Großteil dieser Wendestrecke.«
Graf Attems besitzt ein Bild seines Großvaters, eine Pastellzeichnung. Sie zeigt einen stattlichen Mann mit Backenbart und Jägerhut. »Als Mitglied des Herrenhauses im Reichsrat der Monarchie war er sicher sehr respektiert, eine hoch geachtete Persönlichkeit, so wurde es mir erzählt. Seine Familie soll es aber nicht immer einfach mit ihm gehabt haben. Wenn er sich erst einmal auf eine bestimmte Idee eingeschossen hatte, verfolgte er diese zäh und verbissen.«
Maximilian Graf Attems liegt in der denkmalgeschützten Familiengruft auf dem Schrattenthaler Friedhof begraben, auf halben

Weg zwischen der Therasburg und Retz. Ist er an seinem Todestag vor zehn Jahren tatsächlich seinem Grab entstiegen, um ein letztes Mal seiner Lieblingsbeschäftigung nachzugehen?
»Niemand sonst kommt in Frage. Es war zweifellos ein Vierergespann im vollen Galopp, so laut, dass es uns beide aus dem Schlaf gerissen hat. Alles war so deutlich zu hören gewesen, dass ich nur völlig verblüfft am Fenster stand, hinunterstarrte und einfach nicht glauben konnte, was ich sah – nämlich nichts! Nur einen leeren Hof. Das war unvorstellbar und mit natürlichen Erklärungen stößt man hier an eine Grenze.«

DER LETZTE GRUSS DES SCHÖNEN AHNEN

Schloss Tratzberg, Unterinntal, Tirol

»Gleich in der ersten Nacht, in der sie hier geschlafen hat, setzte sich ein Geist an ihr Bett. Das schwört meine Mutter bei ihren Enkelkindern. Es war in den frühen Morgenstunden, sie wachte auf und spürte, dass noch jemand in ihrem Zimmer anwesend war: Eine weiße Gestalt, sehr klassisch und sehr groß, wahrscheinlich männlichen Geschlechts. Meine Mutter ist wahnsinnig erschrocken. Dieser Geist saß da auf einem Stuhl neben ihrem Bett und schaute sie an. Sie hatte das Gefühl, dass dieser Jemand neugierig war und wissen wollte, wer sie ist und was sie hier macht. Aber er schien nicht missgünstig zu sein oder böse. Und er ist ihr nur dieses eine Mal erschienen.«

Katrin Gräfin Goess-Enzenberg, eine sehr elegante Dame mit leichtem deutschen Akzent, schlägt die Beine übereinander und rührt in ihrem Kaffee. Der Raum, in dem sie ihre Besucher empfängt, ist hell und freundlich, aber auch riesengroß, insgesamt wohl an die zweihundert Quadratmeter. Die Sitzgruppe mit gläsernem Tisch und den floral bunten Sofas könnte problemlos zwanzig Personen Platz bieten. Trotz seiner enormen Ausdehnung wirkt das gräfliche Wohnzimmer auf seine Art behaglich und stilvoll, keineswegs protzig. Jedes Detail hier, ob alt oder neu, scheint wohl überlegt platziert. Antikmöbel und Gemälde aus mehreren Epochen harmonieren miteinander und selbst der Computer im Erker, am Arbeitsplatz der Gräfin, stört nicht den Gesamteindruck. Durch die Fenster dahinter reicht der Blick über die ganze Breite des Inntals, die Aussicht ist atemberaubend.

»Früher hat die Herrschaft ja weit weg vom Boden gelebt, weil es feucht und ekelig war. Im Erdgeschoß lagen die Stallungen, auch die Waschkammer und die Küche. Hier wurde Wild abgehängt und das Gesinde untergebracht. Alles, was herrschaftlich war, wohnte hingegen in den oberen Stockwerken. Heute sind wir froh darüber, denn dort oben könnten wir nicht leben, quasi in einem Museum mit Habsburgerstammbäumen an den Wänden. Den historisch wertvollen Teil des Hauses konnten wir somit unberührt lassen und uns hier unten austoben.«

Die Gräfin stammt ursprünglich aus München, lebt erst seit ihrer Heirat mit Graf Ulrich in Tirol. Ihre neue Heimat hat sie offenbar ins Herz geschlossen:

»Meine Mutter war über den Gedanken, dass ihr einziges Kind hinter diesen Mauern *verschwindet*, eher verzweifelt. Allerdings war das vor der großen Renovierung, und als ich meinen Mann heiratete, wusste ich sehr wohl, dass wir nicht in einem geschichtslosen Neubau wohnen würden.«

Gleich einem strahlend weißen Farbklecks inmitten grüner Wälder, sitzt Schloss Tratzberg auf einem Felsrücken hundert Meter über dem Inntal. Unmittelbar dahinter ragt nahezu senkrecht die Südwand des Stanser Jochs empor. Für Touristen und Einheimische ist Tratzberg *der* Blickfang zwischen Stans bei Schwaz und Jenbach im Tiroler Unterland. Besonderes Markenzeichen des Schlosses sind die drei Türme mit spitzem Helmdach an der Talfront.

Bereits im 13. Jahrhundert lag hier eine Grenzfestung gegen Bayern, von ihr hat sich nur der Name erhalten. Nicht viel mehr blieb von der mächtig ausgebauten Burg des 15. Jahrhunderts, sie brannte im Winter 1490 bis auf die Grundmauern nieder. Ihr damaliger Besitzer, der Tiroler Landesfürst und spätere Kaiser Maximilian I., ständig in chronischen Geldnöten steckend, tauschte die Ruine kurzerhand gegen ein Schloss der Gebrüder Tänzl. Diese waren durch den florierenden Silber- und Kupferbergbau in Schwaz reich geworden und begannen sofort mit dem Neubau: Ein Schloss im spätgotischen Stil sollte es werden, nicht mehr Wehr-, sondern Wohnbedürfnisse standen im Vordergrund. Luxus spielte eine Rolle, Geld dagegen kaum.

Die Nachfolger der Tänzl auf Tratzberg waren ebenfalls immens reich: Augsburger Kaufmannsfamilien, darunter die Fugger, damals Geldgeber der Habsburger und, wie manche meinen, durch ihre Finanzkraft mächtiger als ihre Kaiser. Sie waren die eigentlichen Herren der Renaissance und in diesem Stil wurde auch Tratzberg ausgebaut.
Ab der Mitte des 17. Jahrhunderts wechselten dann einige Male die Besitzer. Ihre finanzielle Situation erreichte nicht mehr annähernd jene der früheren Handelsfürsten und der Baustil entsprach bald nicht mehr dem Geschmack der Zeit. Die Schlossherren konnten oder wollten sich aufwändige Umbauarbeiten nicht leisten und zogen es vor, anderswo zu leben. Naturkatastrophen wie Lawinen und Kriegsschäden taten das ihre und das unbewohnte Schloss war bereits ziemlich verwahrlost, als es 1847 durch Heirat in den Besitz der Grafen Enzenberg gelangte. Im Laufe von Jahrzehnten konnten sie es unter großem Aufwand sanieren.
Aus heutiger Sicht muss es als großes Glück bezeichnet werden, dass den Schlossherren des Barocks offenbar das Geld fehlte, um alles vergolden zu lassen. Somit blieb die originale Architektur und Ausstattung weit gehend erhalten. Tratzberg zählt heute zu den schönsten Schlössern des Alpenraums.
Im Erdgeschoß sind die Wohnräume der gräflichen Familie untergebracht und in den oberen Etagen die originalgetreu ausgestatteten Räume der Renaissance. Zehntausende Besucher sehen Jahr für Jahr das prächtige Interieur, Zeugnis für die Prunkliebe früherer Besitzer: Kunstvoll geschnitzte Holzvertäfelungen und Möbel, Säulen aus rotem Marmor, Rüstungen, Spinnräder, Jagdtrophäen. Eine der Hauptattraktionen ist ein sechsundvierzig Meter langes Wandgemälde, das den Stammbaum der Habsburger bis zum Beginn der Neuzeit darstellt.

»Tratzberg hat für meine Begriffe eine sehr, sehr positive Aura«, fährt die Gräfin fort. »Ich glaube, das liegt daran, dass es seit dem Mittelalter nie ein Haus von Kriegsherren oder der Exekutive war. Die Erbauer waren, wie man im heutigen Jargon sagen würde, Neureiche. Die hatten unglaublich viel Geld und wollten das auch zeigen. Aber seit hier Geschichte aufgezeichnet wird, gibt es

Für viele das schönste Schloss im Alpenraum:
Majestätisch thront Tratzberg hoch über dem Inntal

keine Hinweise auf Folter oder Hinrichtungen. Von der Familie meines Mannes weiß man, dass die Menschen sehr gläubig waren, im positiven Sinne, also ohne religiöse Auswüchse, und sehr kunstsinnig. Sie malten, musizierten, beschäftigten sich mit der Renovierung und Ausstattung des Schlosses und mit ihrer eigenen Seelenschau. Ich denke, viele Menschen sind im Laufe der Zeit hier sehr glücklich gewesen. Deshalb hat dieses Haus einfach ein gutes Karma.

Mir selbst ist hier noch kein Geist erschienen, obwohl ich durchaus an solche glaube. Aber immer wieder haben Leute, völlig unabhängig voneinander, behauptet, es würde hier spuken. Zum Beispiel alle meine Kindermädchen; drei waren es bisher. Sie haben einander nicht gekannt und hatten auch keine Möglichkeit, sich Nachrichten zu hinterlassen.

Eine von ihnen, sie stammte aus Schottland, regte sich einmal furchtbar auf, nachdem wir spätabends nach Hause gekommen waren. Sie machte uns Vorwürfe, wir hätten ihr nichts von unserem *Gast* erzählt. Es verblüffte uns, das zu hören, denn in jener Nacht gab es weder Besucher im Schloss, noch war eingebrochen worden. Außerdem hatten alle anderen Angestellten frei, denn es war Wochenende. Doch diese Schottin bestand darauf, sie habe während unserer Abwesenheit im Nordflügel, wo unsere Gästezimmer liegen, eine große männliche Gestalt an einem der Fenster gesehen. Die sei dort regungslos gestanden und habe hinuntergeschaut in den Hof. Diese Schottin war furchtbar erschrocken, weil sie dachte, sie wäre mit den Kindern alleine im Haus. Als sie dann jenen Flur entlangging, war die Person verschwunden.

Später hatten wir ein Kindermädchen aus Südafrika. Einerseits war sie sehr bodenständig, andererseits aber auch empfänglich für Übersinnliches. Sie fragte mich eines Tages, was denn im Raum über ihrem Zimmer los sei. Der ständige nächtliche Krach da oben sei unglaublich. Darüber befindet sich aber nur eine leere Halle vor der so genannten *Teufelskammer*. Den Namen hat dieser Raum von einem sagenhaften Ritter, der soll sich während der heiligen Messe unziemlich betragen haben und deshalb dort oben vom Teufel durch das Eisengitter des Fensters hinausgerissen worden sein. Den Blutfleck will man noch jahrhundertelang an dieser Stelle gesehen haben. Aber wie auch immer, das sind Sagen. Die Südafrikanerin jedenfalls hörte auch in vielen Nächten immer eine Holztüre ins Schloss fallen. Sie zeigte uns die betreffende Stelle. Da gibt es keine Türe, nur eine zwei Meter dicke Wand.

Viel später dann, dieses Kindermädchen war längst nicht mehr bei uns, entdeckten mein Mann und ich auf alten Plänen, dass sich einst genau an dieser Stelle tatsächlich ein Durchgang befunden hat. Der muss später zugemauert worden sein. Wir wussten das vorher nicht, und die Südafrikanerin konnte das schon gar nicht wissen.«

Doch nicht nur Bedienstete und Gäste, auch die ständigen Bewohner erleben auf Tratzberg manchmal Übersinnliches. So etwa soll die ältere Tochter der Gräfin abends oft ungeladenen Besuch bekommen.

»Vittoria ging immer gerne zu Bett. Doch vor knapp fünf Jahren fing sie plötzlich an, Abend für Abend zu betteln und zu weinen, machte jedes Mal von neuem ein Theater. Schließlich wollte ich der Sache auf den Grund gehen und stellte sie zur Rede. Und dann rückte sie raus: ›Ja, wegen dieser Frau. Ich mag die Frau nicht, die da immer kommt!‹ Ich dachte zuerst an unser Kindermädchen, fragte, ob sie etwa die Christine meine.

›Nein, nicht die Christine. Diese Frau! Das ist eine tote Frau und ich mag sie nicht!‹

Ich dachte mir: So ein Blödsinn. Aber ich beruhigte sie und erzählte ihr eine Gutenachtgeschichte. Doch es ging tagelang so weiter. Einmal versuchte ich sie zu überzeugen, die nächtliche Besucherin wäre ihr Schutzengel. Das wies sie ziemlich empört zurück, ist fast sauer auf mich geworden mit ihren vier Jahren und hat mir zu verstehen gegeben, sie sei doch nicht blöd, sie wisse genau, wie ihr Schutzengel aussieht und das sei er ganz gewiss nicht. Sie war sehr ungehalten mit mir, dass ich so etwas verwechseln konnte und ihr zutraute, ihren Schutzengel nicht von dieser toten Frau unterscheiden zu können.

Eines Abends brachte ich sie zu Bett, und als ich gerade das Zimmer verlassen wollte, rief sie mich zurück: ›Mama, die Frau ist wieder da!‹

Ich machte das Licht wieder an – es war weder etwas zu sehen noch zu hören noch zu fühlen. Schon ziemlich genervt meinte ich: ›Schau dich doch um, da ist niemand!‹

Und dann deutete sie genau neben mich: ›Da, da, da ist die tote Frau. Die mag ich nicht. Die soll weggehen!‹

Ich dachte mir: ›Du meine Güte, wenn sie so in Panik gerät, wer sagt mir denn, dass sie flunkert? Vielleicht bin ich ganz einfach nur nicht in der Lage, zu sehen, was sie sieht.‹ Also tat ich so, als ob ich diese Frau sehen könnte, drehte mich in die Richtung, die mir meine Tochter gezeigt hatte, und begann in das Nichts hinein mit dieser *toten Frau* zu reden: ›Weißt du, du machst der Vittoria Angst. Sie ist noch ein ganz kleines Mädchen und dazu hast du überhaupt kein Recht. Du kommst jetzt mit mir mit und dann werden wir uns mal unterhalten!‹

Für meine Tochter war dieses *Gespräch* sehr beruhigend. Sie hat diese Szenerie genau beobachtet, wie *wir* da zusammen rausgingen. Denn die muss mit mir mit sein, ich fühlte mich jedenfalls ganz komisch. Als ich den Korridor entlangging, redete ich mit dieser unsichtbaren Begleiterin. Ich sagte ihr: ›Ich weiß nicht, wer du bist und was du willst, aber Vittoria fürchtet sich vor dir. Wenn du ein Problem hast und Kontakt aufnehmen willst, dann erscheine gefälligst mir, aber nicht meinem Kind!‹

Daraufhin war dann für einige Tage Ruhe. Mir ist sie jedenfalls nicht erschienen. Vielleicht hat sie es ja versucht, und ich hab sie einfach nicht bemerkt. Und daraufhin ist sie wohl frustriert zu meiner Tochter zurück.

Ich fragte Vittoria, was diese tote Frau denn mache: ›Redet sie mit dir? Schaut sie dich böse an?‹

›Nein, sie steht nur da, aber ich mag sie nicht. Die tote Frau soll weggehen!‹, jammerte meine Kleine.«

Die Gräfin, ob dieser hartnäckigen Besucherin mit ihrer Weisheit am Ende, vertraute sich ihrer Schwiegermutter an.

»Sie ist sehr katholisch, ich hingegen evangelisch. Die katholische Kirche hat mit solch spirituellen Dingen ja wesentlich mehr am Hut. Meine Schwiegermutter meinte, vielleicht sei das eine unerlöste Seele. Ich solle doch eine Messe für sie lesen lassen. Gesagt, getan. Also wurde ein Priester engagiert, um in der Schlosskapelle für die *tote Frau* zu beten. Von dieser Nacht an war für sehr lange Zeit Ruhe.«

Einen unerwarteten Hinweis auf die mögliche Identität dieser Erscheinung bekam die Gräfin etwa zwei Jahre nach den ersten Klagen ihrer Tochter. Die Geschichte mit der mysteriösen Frau war bei Vittorias Eltern schon in Vergessenheit geraten, als die Goess-Enzenbergs alte Gemälde aus einem Depot im zweiten Stock in ihre Wohnräume holen ließen.

»Darunter war ein Ahnenbild, das ich persönlich sehr attraktiv fand. Es war das Porträt eines hübschen Jünglings mit langem, welligem Haar. Ein sehr feminin wirkender Bursche, wie in der Barockzeit eben so üblich. Er trug einen grünen Jagdanzug und streichelte seinen Hund. Also mir hat das Bild sehr gefallen und wir hängten es an diese Wand dort.

Dann entdeckte es Vittoria und rief sofort: ›Das ist die Frau! Das ist die Frau, die immer kommt!‹

Außerdem hat sie mir einen ziemlichen Schmarren aufgetischt, wie ich anfangs glaubte. Sie meinte nämlich, die Frau komme von dort, wo der *Interspar* ist. Ich hab mir gedacht, jetzt spinnt sie vollkommen. Es gibt auf der anderen Seite des Tals einen großen *Interspar*. Dort war sie mit mir manchmal einkaufen. So weit, so gut.

Einige Zeit später sagte mir meine Schwiegermutter, bei diesem Jüngling auf dem Bild handelt es sich um Joachim Tannenberg. Und da drüben, wo sich heute der *Interspar* befindet, lag eine der ältesten Besitzungen der Tannenberg. Auch die Zeit würde ungefähr passen.«

Die Tannenberg waren ebenfalls ein Geschlecht von Gewerken, also Frühindustrielle, betrieben Bergwerke und besaßen ausgedehnte Ländereien. Kaiser Leopold I. erhob 1685 Joseph Tannenberg in den erblichen Reichsfreiherrenstand. Sein Sohn Joachim, der Jäger auf dem Gemälde, starb bereits sehr jung, kaum zweiundzwanzig Jahre alt. Eine Krankheit, ein Jagdunfall? Über die Todesursache schweigen die Quellen. Der Zweitgeborene, Joseph, kaufte 1731 Schloss Tratzberg und erhielt sechs Jahre später die Grafenwürde. Joachim jedenfalls starb 1719, lange bevor er sein Erbe antreten konnte.

Sollte das vielleicht der Grund sein, weshalb er bis heute keine Ruhe findet?

»Ich weiß es nicht. Ob das alles der reine Zufall ist oder nicht, wage ich nicht zu deuten. Ich hatte die ganze Geschichte ohnehin schon verdrängt, bis vor drei Wochen während einer Familienfeier das Gesprächsthema auf *Spuk und Geister* kam. Mein Vater redete uns ins Gewissen: Warum dieses Bild denn hier noch immer hängt, obwohl wir wissen, dass sich die Kinder davor fürchten? Ich meinte, ich würde mir gar nichts dabei denken, ich fände es einfach nur schön. Den Jüngling, den Hund … Mein Vater heizte mir weiter ein: ›Das ist doch wohl die leichteste Übung, dass ihr dieses Bild wegbringt! Macht es am besten gleich, dann sehe ich, dass es weg ist!‹

Daraufhin hängte ich den Riesenschinken ab. Die anderen Gäste wurden neugierig und wollten sich das Gemälde ansehen. Zur allgemeinen Betrachtung stellte ich es dann in die Jägerstube, dort drüben. Die Tür stand, genau wie jetzt, weit offen. Jeder gab mir Recht und fand, dass es sehr hübsch aussehe.

Wir widmeten uns schon längst wieder einem anderen Thema, als plötzlich ein Schuss fiel! In diesem Raum nebenan. Wir sind alle wahnsinnig erschrocken, schauten uns um, konnten aber nichts entdecken. Alle Anwesenden, ungefähr zwölf Leute, vertraten die Meinung, er wäre von diesem Bild ausgegangen. Mein Mann bewahrt zwar Jagdwaffen in einem Schrank auf, aber erstens sind die nicht geladen, zweitens hinter Schloss und Riegel und drittens löst sich doch nicht einfach ein Schuss aus einem Gewehr! Es war zweifellos ein Schuss und er fiel in diesem Raum, darüber waren sich alle einig. Viele in dieser Runde sind passionierte Jäger, kennen sich mit Waffen aus und sind in der Lage, das zu beurteilen. Wir fanden aber kein Einschussloch, keine Kugel, keine Pulverspuren. Offenbar war das wirklich der letzte Gruß vom Tannenberg. Eine andere Erklärung hab ich dafür nicht.

Seit diesem Tag hängt er jedenfalls wieder oben im zweiten Stock. Vielleicht wollte er ja auch wieder dorthin, ich weiß es nicht. Das hält ihn aber nicht davon ab, immer noch gelegentlich meine Tochter zu besuchen. Bis vor kurzem nämlich hätte ich gesagt, seit dieser Seelenmesse damals wäre endgültig Ruhe eingetreten. Aber

Joachim von Tannenberg: Zu Lebzeiten ein junger Jäger, danach eine »tote Frau«

erst neulich fragte ich Vittoria nach der *toten Frau*. Sie meinte ganz lapidar: ›Doch ja, die kommt noch immer von Zeit zu Zeit. Aber dann mache ich ganz fest die Augen zu und wünsche mir, dass sie weggeht ...‹

So viel zu meiner älteren Tochter, aber die jüngere, Philline, ist noch viel feinfühliger. Jahrelang zeichnete sie die Aura von

Menschen. Vor einigen Jahren hatten wir eine Gouvernante mit schweren psychischen Problemen, was wir natürlich anfangs noch nicht wussten. Die Kinder verstanden sich ausgesprochen gut mit ihr, hatten sie sehr gerne, aber ihre Krankheit wurde schließlich so eindeutig, dass sie professionelle Hilfe in Anspruch nehmen musste. Kurz darauf zeigte mir die Kindergärtnerin Bilder, die meine jüngere Tochter gemalt hatte. Auf einer der Zeichnungen war ein Pferd zu sehen, auf dem saßen drei Menschen. Zwei mit einer bunten Aura, nur die Person in der Mitte hatte ein schwarzes Gesicht und einen schwarzen Schatten um sich. Ich frage Philline, wer denn das sei. ›Ein Schaukelpferd, die Vittoria und ich. Und in der Mitte, das ist unsere Nanny.‹

Sie wollte damit nicht ausdrücken, dass sie ihr Kindermädchen nicht mochte. Im Gegenteil, Philline hatte es sogar ausgesprochen gern. Aber meine Tochter konnte sehen, dass diese Gouvernante in irgendeiner Form belastet war. Darum zeichnete sie ihr eine schwarze Aura und ein schwarzes Gesicht.«

Die Ausführungen der Gräfin werden vom Gebell ihrer Hunde unterbrochen. »Das sind nur Touristen, keine Geister«, schmunzelt sie. Dann wird sie wieder ernst. An einem Berner Sennenhund sei sie einmal besonders gehangen. Er sei ihr immer gefolgt wie ein Schatten.

»Als er dann gestorben ist, war das für mich ein Drama. Ich hatte ihn aus dem Tierheim geholt, er war fast wie ein drittes Kind für mich. Diesen Hund sah meine jüngste Tochter nach seinem Tod immer noch. Zunächst dachte ich, sie will mich nur trösten, weil ich fast ein Jahr lang immer wieder geweint habe, wenn ich an ihn dachte. Die Kinder bemerkten meine Trauer. Kam uns auf der Straße ein Hund entgegen, der ihm ähnlich sah, riefen sie: ›Mami, schau nicht hin, sonst fängst du wieder an zu weinen!‹

Eines Tages sagte Philline zu mir: ›Mama, ich verstehe nicht, warum du wegen dem Basco so traurig bist. Er ist doch immer da. Er läuft dir doch die ganze Zeit nach.‹ Ich glaubte ihr natürlich nicht, tat aber so, als ob mich das ungemein beruhige. Einmal waren wir unterwegs, plötzlich meint die Kleine: ›Schau, der Basco, der Basco!‹ Sie streichelte diesen unsichtbaren Hund sogar. Ich gab zu dem Ganzen keinen Kommentar ab, weil ich ihr nicht das Gefühl geben wollte, sie sehe etwas Besonderes, wenn sie mir solche Geschichten auftischt.

Doch eines Tages wurde ich dann doch unsicher, ob nicht vielleicht wirklich etwas dran sein könnte. Ich bürstete ihr die Haare in ihrem Zimmer. Die waren so zerzaust, dass es ihr wehtat. Sie schrie und wir hatten einen handfesten Streit. Philline war richtig cholerisch, sie schmiss mir sogar die Bürste nach. Ich wurde ärgerlich und meinte, nun würde es mir reichen:

›Ich gehe jetzt, und wenn ich zurückkomme, bist du im Pyjama und hast dir die Haare frisiert!‹

Dann rauschte ich aus dem Zimmer. Sie rief mir nach: ›So, das geschieht dir recht. Jetzt bist du auf den Basco draufgestiegen!‹

Das machte mich stutzig, weil es kam wie aus der Pistole geschossen, total im Affekt. Sie hatte keine Sekunde lang über ihre Worte nachgedacht. Sie behauptete, er sei irgendwo quer im Raum herumgelegen. Genau das war auch immer seine Art gewesen. Dieser Ausruf meiner Tochter war von einer derartigen Spontanität, dass ich ihr glaubte. Einige Zeit später sagte sie mir: ›Du, Mami, ich sehe den Basco gar nicht mehr. Ich glaube, der ist jetzt beim lieben Gott.‹«

Was Goess-Enzenberg aber noch viel erstaunlicher fand, war eine Begebenheit vor etwa dreieinhalb Jahren.

»Es war ein heißer Sommertag und mein Mann und ich fuhren zusammen mit den Kindern den Berg hinunter, als wir beim Gasthaus im Tal eine Menschenansammlung und die Rettung bemerkten. Wir stiegen aus dem Auto und sagten den Kindern, sie sollen sitzen bleiben. Eine ältere Dame lag am Boden, es schien sehr ernst um sie bestellt zu sein. Ihr wurden sämtliche Schläuche angesteckt, und die Helfer versuchten sie zu reanimieren. Wahrscheinlich ein Herzinfarkt wegen der Hitze.

Die Kinder sind natürlich nicht im Auto geblieben und wühlten sich durch die Beine der Leute durch um etwas zu sehen. Die Kleinere fragte mich, was denn die Leute da mit der Dame machen würden. Ich erklärte ihr, der Frau sei übel geworden und im Krankenhaus würde sie Medizin bekommen, dann gehe es ihr bald wieder besser. Doch Philline schüttelte den Kopf, sie wusste es wieder einmal besser: ›Ich verstehe das nicht. Die Dame ist doch schon beim lieben Gott.‹

Das ließ sie sich auch nicht nehmen. Als wir uns später im Krankenhaus erkundigten, sagte man uns, die Frau sei bereits gestorben. Was ich so erstaunlich fand, ist die Tatsache, dass Kinder in diesem Alter die Dinge *so* sehen, wie sie sind. Zum Beispiel kann ein Mensch, der physisch noch hier ist, nicht beim lieben Gott sein. Kinder sind ja nicht in der Lage, wie ein Erwachsener zu abstrahieren. Philline sah eine Frau am Boden liegen und gleichzeitig war sie der Meinung, die sei schon beim lieben Gott. Mit Begriffen wie *Tod* oder *Seele* kann ein so kleines Kind doch gar nichts anfangen.«

Dass ihre mittlerweile siebenjährige Zweitgeborene eine besondere Gabe besitzt, wurde der Gräfin bereits bestätigt.

»Vor nicht allzu langer Zeit war ein Arzt aus der Ukraine hier bei uns. Er soll seherische Fähigkeiten haben und beschäftigt sich mit der menschlichen Aura. Nachdem er sich die Philline angeschaut hatte, sagte er: ›Gott hat diesem Kind zwei Leben geschenkt.‹ Er wusste aber überhaupt nichts über Philline und wir unterhielten uns nur mit Hilfe einer Dolmetscherin.

Er hatte Recht, denn als unsere jüngste Tochter sechs Wochen alt war, hatte sie eine sehr schwere Krankheit, die unser Arzt nicht diagnostizierte. Mich hat er als hysterisch abgestempelt und sich auf seine Autorität als Kinderarzt berufen. Ich war total verunsichert, spürte aber intuitiv: Irgendetwas stimmt nicht mit ihr! Dass mein Kind nicht gestorben ist, verdanke ich meinem Wünschelrutengänger. Den habe ich in meiner Verzweiflung angerufen und gefragt: ›Bin ich wirklich so hysterisch, wie mein Arzt mich hinstellt, oder ist mein Kind krank?‹

Der hat in hundertfünfzig Kilometer Entfernung seine Wünschelrute ausgepackt, sich auf meine Tochter konzentriert und mich dann sofort zurückgerufen: ›Ich flehe Sie an, fahren Sie so schnell wie möglich mit ihr in die nächste Klinik! Ihr Kind ist todkrank!‹ Ich hab sie sofort in die Uni-Klinik gebracht. Dort schlugen die Ärzte ihre Hände über dem Kopf zusammen und meinten, es wäre ein Wunder, dass das Baby noch am Leben ist. Sein Magen war schon ganz aufgebläht und man operierte sofort. Der Professor meinte damals, so etwas habe er noch nie gesehen, nicht einmal in Lehrbüchern. Die Operation selbst ist nicht das große Problem,

aber wenn diese Krankheit nicht rechtzeitig erkannt wird, vertrocknet das Kind.
Und eben das hat dieser ukrainische Arzt gesehen. Er fragte mich auch, ob mir klar wäre, dass Philline über eine außergewöhnliche spirituelle Begabung verfüge? Auch solle ich nicht traurig sein, wenn ich das Gefühl hätte, dass sie diese Fähigkeit jetzt langsam verliert. Sie würde auf geistiger Ebene weiter reifen und später zurückkommen, wenn meine Tochter so achtzehn, zwanzig Jahre alt ist. Die Zeit bis dahin brauche sie als Schutz um sich zu erden. Es müsse so eine Art Vorhang vorgeschoben werden, damit sie sich zunächst mit dem irdischen Leben beschäftigen kann. Denn sie sei ja auf der Erde, um in ihrem Körper zu sein und ihre Erfahrungen zu machen. Ich war sehr froh, als er mir das erzählt hat. Denn zwischendurch war ich schon traurig gewesen, dass Philline kaum mehr über solche Dinge spricht, dass diese Fähigkeit offenbar langsam verebbt.«
Wie ist es um die spirituelle Wahrnehmung der Gräfin selbst bestellt?
»Wie gesagt, ich habe noch nie einen Geist *gesehen*. Aber ich bin sehr empfänglich über die Traumebene. So hatte ich zum Beispiel viele Jahre Kontakt mit meiner verstorbenen Großmutter. Sie erzählte mir über ihren Tod, was sie empfindet und wie es ist, zu sterben.
Zu Beginn meiner Schwangerschaft sagte ich meinem Arzt, es ist ein Mädchen und wird am 4. August auf die Welt kommen. Er hat sich das in seinen Kalender notiert und war sehr erstaunt, als ich Recht behielt. Das sind diese Dinge, die ich auf der Traumebene erfahre. Es ist mir währenddessen auch bewusst, dass ich träume. Vielleicht fällt es mir so auch leichter, weil das gemeinhin eher akzeptiert wird. Manchem Bekannten erzählte ich, was mir deren verstorbene Verwandten im Traum mitgeteilt haben. Die waren zum Teil richtig schockiert, denn einige dieser Geschichten hatten bisher den Kreis ihrer Familie noch nie verlassen. Aber Gott sei Dank widerfährt mir so etwas nicht im richtigen Leben, sondern nur im Schlaf.«
Bleibt noch die Frage, wie es dem Grafen geht, inmitten seiner esoterischen Frauen?

Katrin Goess-Enzenberg überlegt eine Weile. »Er ist sehr katholisch aufgewachsen und hat eigentlich gar keinen Zugang zu solchen Dingen. Wenn ich ihm manchmal von bestimmten Vorahnungen erzähle, ernte ich meist nur einen blöden Kommentar. Aber einmal hatten wir so ein konkretes Erlebnis. Es war 1999 und wir mussten auf der Rückfahrt von einem Begräbnis in Kärnten durch den Tauerntunnel fahren. Ich hatte an diesem Tag ein ganz blödes Gefühl, es war wie eine latente Panikattacke. Als wir den Tunnel erreichten, steigerte sich das, ich bekam totale Beklemmungen, hatte schweißnasse Hände. So was kenne ich normalerweise nicht und natürlich fährt auch niemand gerne durch Tunnels. Zuerst wollte ich meinem Mann nichts davon erzählen, denn ich war mir ziemlich sicher, er würde nur wieder eine sarkastische Bemerkung von sich geben. Als ich ihm schließlich doch meine Ängste schilderte, reagierte er merkwürdigerweise völlig untypisch. Er stellte den Kilometerstand auf null und meinte: ›Damit wir wissen, in welche Richtung wir laufen müssen, falls etwas passiert.‹
Das verunsicherte mich fast noch mehr als meine eigenen Angstgefühle. Er blickte auch immer wieder auf den Tacho: ›Wir sind schon über der Hälfte ... Wir müssen jetzt gleich durch sein ...‹ – ansonsten haben wir geschwiegen und ich betete still, dass wir hoffentlich bald aus dem Tunnel sind, war dann heilfroh, als wir es endlich geschafft hatten.
Am nächsten Morgen weckte mich mein Mann sehr früh und rief entsetzt: ›Stell dir vor, im Tauerntunnel ist eine furchtbare Katastrophe passiert!‹«
Die Gräfin schweigt für ein paar Sekunden, dann flüstert sie fast: »Da sind zwölf Menschen verbrannt und es gab einige Dutzend Verletzte. Mein Mann stand selbst fast am Rande eines Nervenzusammenbruchs, als er das im Radio hörte. Auch er hatte es gespürt, so wie ich. Wir sind nur ein paar Stunden vorher durchgefahren. Irgendwie muss die Aura schon auf *Tod* gestanden sein. Ich hätte natürlich nie verbalisieren können, dass in diesem Tunnel wenige Stunden später so eine Katastrophe passieren wird. Aber dass dort bereits etwas in der Luft lag, hab ich irgendwie geahnt.«
Draußen vor der Glasfront passiert jemand die Eingangstür und

die Hunde schlagen wieder an. »Ihr Nervensägen, gebt Ruhe. Gebt endlich Ruhe!« Eines der riesigen Tiere stürmt herein, die Gräfin grault es zur Beruhigung am Hals.

»Das ist der Hektor, er ist schon zehn Jahre hier. Sein Stammplatz ist ein Lehnsessel in der Küche. Manchmal am Abend, wenn es sehr still ist, springt er auf, starrt in eine bestimmte Richtung im Raum und verfolgt dort etwas mit seinem Blick. In solchen Momenten ist keine Fliege in der Luft und auch sonst nichts zu entdecken. Er scheint etwas Unsichtbares zu fixieren. Der Hund ist wohl auch hellsichtig.« Sie lacht.

»Ja die Küche, eine Kusine meines Mannes wartete dort einmal auf mich, während ich die Kinder zu Bett brachte. Als ich zurückkam, blickte sie mich ganz seltsam an und meinte:

›Komisch, vor ein paar Minuten dachte ich, du seist schon zurück, schaue auf und dann geht hier eine Frau durch. Von dort, wo der Hund liegt, ist sie gekommen. Der hat ihr ebenfalls nachgeschaut. Und dort drüben in der Wand ist sie verschwunden!‹ Einschlägige Geschichten waren ihr völlig unbekannt, denn sie ist nicht von hier. Mein knapper Kommentar: ›Du spinnst.‹ Sie bestand aber darauf, soeben wäre ein Geist durchgelaufen.«

Ist die Gräfin selbst von der Existenz von Gespenstern auf Schloss Tratzberg überzeugt?

»Einige Menschen können hier welche sehen, auch die Hunde offenbar, aber ich eben nicht. Ich möchte das auch gar nicht, bin dankbar, dass ich so etwas nicht wahrnehmen kann. Mit so einer Gabe zu leben muss sehr belastend sein. Zu glauben, dass es ausgerechnet hier spukt, fällt mir aber schwer. Es gibt da einen überlieferten Spruch: ›Wo ein Enzenberg, da kein Geist.‹«

Vielleicht kommt dieser Spruch daher, dass die Vorfahren des Grafen stets sehr katholisch und pragmatisch waren. Aufbauen, Renovieren und Kaufen schienen ihnen immer größere Anliegen zu sein als kriegerische Handlungen. Der erste Enzenberg tauchte in Tirol 1495 auf. 1764 erhob Maria Theresia Ignaz Freiherr von Enzenberg in den Grafenstand und 1847 erbte Franz Graf Enzenberg schließlich das Schloss. Er war verheiratet mit der einzigen noch lebenden Tannenberg. Obwohl die letzte Generation der Familie seiner Frau einundzwanzig Kinder umfasst hatte, starb das Geschlecht in der männlichen Linie aus. Durch diese Ehe sind auch die Tannenberg Ahnen der heutigen Besitzer.

Was Joachim von Tannenberg anbelangt, so wird an diesem Tag sein Porträt ausnahmsweise wieder einmal aus dem zweiten Stock geholt und für einen Fototermin abgestaubt.

»Der Joachim wird noch ganz berühmt«, schmunzelt die Gräfin. Sie hat Recht: Hübsch war er, der junge Waidmann in seinem grünen Jagdrock und den hellen Locken. Eine Flinte liegt auf seinem Schoß und sein Hund blickt treuherzig zu ihm auf. Woran er gestorben ist, entzieht sich bisher der Kenntnis seiner Nachfahren. Ob er wirklich für die vielen schlaflosen Nächte der kleinen Vittoria verantwortlich ist?

Noch vor Anbruch der Dunkelheit wandern die letzten Besucher ins Tal hinunter und Joachim muss zurück an seinen Platz. Wahrscheinlich wieder für sehr lange Zeit. Aber vielleicht hat er das ja so gewollt.

UNHEIMLICHE FESTBELEUCHTUNG

Schloss Eggendorf, Hausruckviertel, Oberösterreich

(Judith Hesz, Anfang dreißig, Antiquitätenhändlerin; sehr sympathisch)

»Wussten Sie eigentlich, dass es in Österreich nur dann erlaubt ist, einen Sarg zu kaufen, wenn man auch tatsächlich ein Begräbnis hat? Diese zwei Prachtexemplare dort oben auf der Empore mussten wir deshalb extra aus Tschechien importieren. Wir hatten nämlich eine Halloween-Party mit allem Drum und Dran organisiert – Trockeneisnebel, Lichteffekte, und als Mitternachtseinlage kamen links und rechts des Altars hochkant diese Särge aus dem Nebel gerollt. Dann gingen Schlag zwölf die Deckel auf, mein Mann kam aus dem großen weißen und ich aus dem kleineren braunen. Es war ein voller Erfolg.

Messen finden hier in der Schlosskapelle ja schon lange keine mehr statt. Sie ist längst säkularisiert. Schon die Vorbesitzer haben sie nur noch als Kornspeicher genutzt. Die Zwischendecke ließen wir herausreißen, nun sieht das Ganze wenigstens wieder wie ein Sakralbau aus. Bis 1912, bevor man eine richtige Kirche im Ort baute, war das hier die Pfarrkirche für die Eggendorfer. Und unsere Küche nebenan diente damals vor Begräbnissen als Aufbahrungshalle. Sehen Sie die Reste vom barocken Altar dort? Auf dem Pfeiler stand früher eine Madonna, aber die ist zusammen mit dem ganzen anderen Kirchenschmuck heute im Museum. Die vielen Sessel, die hier rumstehen und die Hi-Fi-Anlage brauchen wir für Partys. Man geht ohnehin immer seltener in die Kirche. Da haben wir uns gedacht, so kommen die Leute wenigstens zum Feiern hierher.

Ich selbst bin kein besonders religiöser Mensch, glaube aber, dass man Gott nicht einfach aus dem Haus werfen sollte. Hier ist ihm einmal ein Gebäude errichtet worden und irgendwann wollen wir die Kapelle wieder sanieren, dann aber gleichzeitig auch als Wohnraum nützen. Etwa als Bibliothek mit integriertem Altar.
Nein, Adelige gab's in unserer Familie keine und das Schloss kauften wir auch nicht aus nostalgischen Gründen. So ein altes Gemäuer ist ja weit mehr Arbeit, als sich etwas Neues zu bauen. Da unsere Wohnung in Wels direkt über dem Geschäft liegt, hatten wir wenig Privatsphäre. Nicht selten saßen die Kunden schon bei uns am Frühstückstisch. Weil das Schloss nur zwölf Kilometer entfernt liegt, beschlossen wir vor sieben Jahren, uns hier einen Bereich zu schaffen, wo unsere drei Kinder genügend Platz finden, wir ebenfalls, und wo nur unsere Freunde herkommen. Wir nützen die meisten der vierzig Räume natürlich auch als Ausstellungsfläche. Wie soll eine Familie allein auch fünfzehnhundert Quadratmeter bewohnen? Gut, derzeit leben wir nicht hier. Vor einiger Zeit hatten wir einen bösen Wasserrohrbruch, drei Stockwerke wurden feucht. Das muss den Sommer über austrocknen. Die Zimmer, die Sie gerade gesehen haben – all die alten Möbel stammen aus unserem Geschäft. Wir haben die einzelnen Räume, den gelben, grünen, blauen Salon, stilecht möbliert. Auch die Gemälde an den Wänden sind von uns. Als wir das Schloss gekauft haben, mussten wir erst mal ein volles Jahr renovieren. Außer den Kachelöfen war nichts Brauchbares mehr da, es hat furchtbar ausgeschaut. Ich selber hab die Böden abgeschliffen und wieder neu eingefärbt.
Ja, es ist ein verwunschenes Haus, das merkte ich schon, als ich das erste Mal allein hierher kam. Damals standen die Brennnesseln im Garten meterhoch. Auch den Hügel runter und um den Schlossteich war alles zugewachsen. Ich nahm eine Sense und begann zu mähen. Plötzlich raschelte es und ich hörte, wie jemand auf mich zukam. Zu sehen war nichts, dafür war das Unkraut viel zu hoch, aber Schritte hörte ich, die sich rasch näherten. Da bekam ich die Panik, warf die Sense weg, bin rein ins Haus und hab mich eingeschlossen. Durchs Fenster im ersten Stock sah ich dann runter – nichts! Hätte sich ein lebender Mensch da hindurchgekämpft, dann wären in diesem Dschungel seine Spuren von dort oben

deutlich erkennbar gewesen. Das war schon ziemlich unheimlich, aber erst der Anfang.
Als wir dann bereits hier lebten, verschwanden immer irgendwelche Sachen aus unerklärlichen Gründen. Etwa mein Autoschlüssel. Ich wusste zwar genau, ich hatte ihn auf den Tisch im Empfangszimmer gelegt, aber er war einfach weg. Tage später fand ich ihn dann zufällig in der Lade einer Kommode am Gang. Ähnlich erging es meinem Mann und den Kindern. Am deutlichsten spürte das mein mittlerer Sohn, der Roland. Er fühlte sich immer beobachtet. Das blieb nicht auf einen bestimmten Bereich begrenzt, man konnte das überall im Schloss spüren. Ein Gast übernachtete einmal oben im Turmzimmer und erzählte am nächsten Tag, er sei mitten in der Nacht aus dem Schlaf gerissen worden, habe eine kalte Hundeschnauze im Gesicht gespürt. Meine Schwägerin, wenn sie hier auf Besuch war, hörte nachts ständig Schritte. Und unser Verwalter, der Herr Resch – wir nannten ihn stilgerecht *Kastellan* – meinte immer, im Treppenhaus rieche es nach Friedhof. Das waren intensive Geruchserscheinungen, es roch stark nach Thujen, eben wie auf einem Friedhof.
Unser schlimmstes Erlebnis aber war wirklich krass: Mein Mann und ich wollten gerade einschlafen, das Licht war schon gelöscht, als uns beide plötzlich etwas ganz fest am Arm packte. Wir sprangen gleichzeitig auf, machten Licht und suchten das ganze Zimmer ab. Nichts war zu sehen, aber irgendetwas war bei uns im Raum, das fühlten wir ganz deutlich. Wir hatten totale Angst. Das kann unmöglich ein Traum gewesen sein.
Ja und dann kamen uns so Gerüchte zu Ohren, ich weiß gar nicht mehr, wer mir zuerst davon erzählte, hier würde es spuken. Von einer *Weißen Frau* war die Rede, die seit langer Zeit hier umgehe. Ich hab keine Ahnung, wer das zu Lebzeiten gewesen sein könnte. Das Schloss selbst ist ja uralt. So wie es jetzt aussieht – der zweistöckige Haupttrakt und hier im rechten Winkel der einstöckige Seitentrakt mit dem Laubengang, den Arkaden darüber und integrierter Schlosskapelle –, wurde es 1580 gebaut. Genaueres kann Ihnen aber der Herr Weiss erzählen. Der war früher Verwalter hier. Er sollte jeden Moment eintreffen. Dann steht sicher auch etwas in der Gemeindechronik, die such ich Ihnen später raus.

Das absolut eindrucksvollste Erlebnis war am 30. Juli 2001, am Geburtstag meines Mannes. Wir hatten ein großes Fest organisiert. Unten beim Schlossteich gab's ein riesiges Lagerfeuer und an die fünfzig Gäste waren geladen. Um Punkt Mitternacht beginnt auf einmal die Glocke in der Kapelle zu läuten und die ganze Schlosskapelle erstrahlt in hellem Licht.
Was daran seltsam sein soll? Hier sehen Sie, es gibt zwar einen Lichtschalter und sicher auch uralte Stromleitungen aus dem Jahre Schnee, aber die sind tot! Es gibt nicht mal funktionierende Glühbirnen. Seit wir im Schloss wohnen, hatten wir noch nie Strom in der Kapelle. Wenn wir welchen brauchen, etwa für Feste, dann müssen wir mit Verlängerungskabeln arbeiten. An diesem Abend aber brannten alle Lampen hier herinnen, obwohl sie unmöglich Strom bekommen konnten. Das ganze Spektakel dauerte ein paar Minuten, bevor wir uns schließlich in einer Gruppe hereingetraut haben. Ich selbst drückte diesen Lichtschalter, so wie jetzt, die Lampen gingen sofort aus und seither nie wieder an, da kann ich jetzt drücken, soviel ich will. Sehen Sie nur, diese Leitungen sind absolut tot! Sie können sich vorstellen, dass es unter unseren damaligen Gästen einige gibt, die uns seither nicht mehr im Schloss besuchen wollen.
Mir wurde es dann zu bunt. Eine Bekannte hat mir damals einen Herrn empfohlen, ein Medium. Der findet Menschen, die verschollen sind, braucht nur eine Landkarte und ein Pendel dafür, hat auf diese Weise auch schon Leichen gefunden. Aber die Polizei reagierte darauf nicht besonders begeistert – na ja, wenn man mal weiß, wo die Leiche liegt, dann ist man natürlich gleich mal der Hauptverdächtige. Jedenfalls wollte ich einfach wissen, *wer* hier für diese Phänomene verantwortlich ist, und hab den Herrn eingeladen. Der ging dann alle Räume ab – das war ganz witzig, so mit Wünschelrute und Sprüchen – und hat sie gereinigt, wie er sagt. Er meinte, er spüre die Anwesenheit von Geistern, auch der *Weißen Frau*. Sie sei kein guter Geist, aber auch kein böser. Hauptsächlich wären aber jede Menge Restenergien ehemaliger Bewohner hier. Die hat er dann alle entlassen im Zuge dieser Reinigung. Er fragte mich, ob er die *Weiße Frau* verbannen solle aus dem Schloss, aber ich war irgendwie dagegen. Daraufhin hat er

Dieser Blick auf die Eggendorfer Schlosskapelle bot sich auch den Festgästen zur Geisterstunde

ihr einen kleinen Bereich zugewiesen, den sie seither nicht mehr verlassen kann: das Turmzimmer. Dort wohnt für gewöhnlich das Kindermädchen, wenn es hier ist. Die will das so und glaubt auch nicht an Geister. Ich denke, dafür muss man offen sein.
Selbst habe ich früher auch nicht an so etwas geglaubt, hatte dann aber wohl ein Schlüsselerlebnis: In der damaligen Wohnung meines Mannes fand ich ein Buch über unerklärliche Phänomene. Das dürfte noch seiner Exfreundin gehört haben. Ich erinnere mich leider weder an Autor noch Titel. Mein Mann war damals auf Geschäftsreise und ich in der Wohnung allein. Beim Einschlafen legte ich das Buch auf das Nachtkastl, und am nächsten Morgen war's einfach weg. Ich hatte an zwei Abenden darin gelesen, wollte mehr erfahren über diese Materie, aber das Buch blieb spurlos verschwunden, obwohl ich alle Räume mehrmals durchsuchte. Das war wahrscheinlich die Strafe für meinen Unglauben ... Ah, ich höre ein Auto kommen. Das muss der Herr Weiss sein. Gehen wir doch wieder ins Empfangszimmmer.«

(Hermann Weiss, Mitte sechzig, pensionierter Schlossverwalter, leutselig, Geister sind ihm völlig egal)
»Ich hab vierunddreißig Jahre im Schloss gearbeitet und auch hier gewohnt, bin jetzt aber schon eine Zeit lang in Pension. Natürlich gab es immer wieder seltsame Geräusche, aber was wollen Sie, es ist eben ein uraltes Haus.
Hier ist die Gemeindechronik, danke Judith, da steht alles ganz genau drin ... *1224 erstmals erwähnt in einer Urkunde vom Stift Kremsmünster ... ursprünglich Stammsitz des längst erloschenen Geschlechts der Eggendorfer* ... Die haben eine Egge im Wappen geführt, dürfte damals eine Burg gewesen sein ... ein *Florian Ostermayer, Hofrichter zu Garsten und später dann Sekretär der oberösterreichischen Landstände, ließ 1580 das Schloss in seiner heutigen Form errichten* ... Das war eben ein Kleinadelssitz, hier steht: *um 1750 hatte die Herrschaft Eggendorf* genau 59 *Untertanen*. Na immerhin!
Im 19. Jahrhundert wurden dann die Fischer von Ankern Besitzer ... *auf Grund ihrer Verdienste 1850 in den Ritterstand des österreichischen Kaiserreichs erhoben ..., mit der Bewilligung, »von*

Ankern« als Adelsprädikat im Namen zu führen ... Nach dem Anker, ihrem Firmenzeichen. Das waren ursprünglich bescheidene Handwerker, die sich im Laufe der Generationen zu erfolgreichen Industriellen emporgearbeitet haben, Eisenfabrikanten. ... *Ein neuer Geldadel, der sich in der Ringstraßenzeit mit dem Geburtsadel zu einer neuen Führungsschicht verbunden hat* ... Friedrich Fischer von Ankern, Diplomat, *kehrte 1917 aus San Francisco zurück und legte nach Kriegsende alle seine Ämter nieder, um als überzeugter Monarchist, der er war, Kaiser Karl ins Exil nach Madeira zu begleiten. Er blieb jahrelang unentgeltlich in dessen Dienst.* Später ist er wegen seiner Überzeugung auch lange Zeit in NS-Haft gesessen. Und dann: ... *1951 vererbt an Josef Fischer-Ankern* ... für den Herrn hab ich schon gearbeitet.

Und weil Sie ja Geistergeschichten hören möchten – das muss so Anfang der fünfziger Jahre gewesen sein, da passte die Familie Martinek auf die Fischer-Kinder auf. Und der kleine Peter sagte zu ›Onkel Martinek‹, wie ihn die Kinder nannten: ›Onkel, bitte schick die Frau hinaus, ich hab Angst!‹ Der Martinek sah aber niemanden, klatschte trotzdem in die Hände und rief: ›Hinaus! Fort mit dir!‹ Darauf der Bub: ›Die weiße Dame ist aber immer noch hier!‹ Der konnte sie sehen, der alte Martinek nicht. Meistens ist nach so einer Sichtung dann jemand gestorben.

Ja, die *Weiße Frau* ist dann und wann erschienen, mir selbst Gott sei Dank nie, aber meiner Tochter. Als sie so sechs Jahre alt war, erzählte sie einmal, ein Geist sei ihr begegnet. Eine weiße Dame habe sie angelächelt und sich dann in Luft aufgelöst ... Nein, ich glaub, meine Tochter möchte heute nicht mehr darüber reden. Solche Sachen sind schnell in Vergessenheit geraten, man hat auch nicht gerne darüber gesprochen. Ich erinnere mich, wir haben einmal Schnaps gebrannt, einen Hausbrand gemacht, dort drüben, im jetzigen Heizhaus. Das hat die ganze Nacht gedauert und der Herr Fischer hat uns noch Kaffee gebracht. Die Tür war versperrt und plötzlich hörten wir laute Schritte im Schloss, richtiges Getrampel. Ich schnapp mir die Hacke und bin sofort rauf – Totenstille im ganzen Haus, niemand war zu sehen, gehört hatten es aber alle.

Einige Leute sind auch hier gestorben. Die wurden dann in der Küche draußen aufgebahrt. Innerhalb von einigen Jahrzehnten

sind auch zwei Frauen ins Wasser gegangen. Im Schlossteich dort unten. Warum? Das weiß ich nicht mehr.
Einmal – da war ich noch Praktikant auf Schloss Kirchberg, das gehörte damals auch der Familie Fischer – bin ich früh schlafen gegangen. Das Licht dreh ich ab, da hör ich, wie der Fußboden knarrt und wie einer auf mich zukommt. Ich spür noch, wie jemand neben dem Bett steht und sich drüberbeugt, da dreh ich das Licht an, seh aber keinen. Dreh das Licht wieder aus, kommt der wieder her, Licht an – keiner zu sehen. Die Kammer war aber ziemlich klein. Da war kein Lebender mehr. So ist das eine Weile gegangen, dann ist es mir zu blöd geworden und ich bin eingeschlafen. Sollen s' mir doch den Buckel runterrutschen, die Geister, hab ich mir gedacht.
Ja, die Geheimgänge! Kein Mensch weiß mehr, wo die ursprünglich hingeführt haben. Damals gab es eine Schweinezucht beim Schloss und die schweren Eber sind immer wieder eingebrochen. Dann haben wir eben den Teil mit Erde aufgefüllt und das war's. Ist ja alles baufällig, wenn man da reingekrochen wäre, wär alles zusammengebrochen.
Die Fischer-Ankern waren einmalige Leute, aber selten hier auf Eggendorf. Sie hatten ja insgesamt drei Schlösser. Über die *Weiße Frau* gab es schon hie und da Geschichten, aber ich hab da nie nachgefragt und von selbst hat mir keiner was erzählt. Hie und da war's ein wenig unheimlich im Schloss, aber es wäre übertrieben, würde ich sagen, ich hätte Angst gehabt. Wie geht's dir damit, Judith?«
»Na ja, seit dieser Reinigung damals ist eigentlich nichts mehr vorgefallen. Nein, Moment, das war am Tag danach, da kam ich in die Küche und hinter dem alten Herd, genau in der Ecke der Wand, steckte ein Messer. Aber nicht so, als wäre es runtergefallen, sondern es steckte ziemlich fest. Ich musste erst den Herd wegrücken, um dieses Messer mit ziemlichem Kraftaufwand rauszuziehen. Es war eines unserer Küchenmesser, aber die bewahre ich ganz woanders auf, nicht in der Nähe des Herds. Das war ganz komisch.
Die Geheimgänge würde ich ja ganz gerne mal freilegen lassen. Würde mich brennend interessieren, wo die hingeführt haben.
Nein, keine Ahnung, wen diese Ahnfrau auf dem Gemälde dort darstellt. Sie schaut richtig unheimlich, nicht wahr? Passt doch gut

hierher! Wie gesagt, alle Möbel und Bilder hier im Schloss stammen von uns. Einiges ist verkäuflich, anderes eher nicht.
Möbel, vor allem solche aus Holz, besitzen überhaupt ein Eigenleben. Es gibt welche, die haben eine richtig gehend negative Ausstrahlung. Ich denke, wenn irgendwo ein Mord passiert, sich jemand das Leben nimmt oder einfach ständig Streit herrscht – Holz nimmt diese Energien auf und strahlt sie auch wieder ab. Das macht eben den ganz besonderen Charakter eines Stücks aus. Es gibt welche, da geht man hin und es stellt einem die Haare auf. Jeder, der oft mit Antiquitäten zu tun hat, weiß das. Holz ist ja etwas Lebendiges. Neue Möbel sind meines Erachtens tot, die haben nichts, sind kalt und leer, müssen sich erst wieder mit Energien füllen.
Ich bin ja ein neugieriger Mensch. Bei Verlassenschaften interessiert es mich immer, zu sehen, wie haben die Leute gelebt, worauf haben sie Wert gelegt? Spannend ist es auch, etwas zu entdecken. Geheime Fächer vielleicht, wo dann die Liebesbriefe der Urgroßmutter drinnen sind.
Ob ich mich hier zu Hause fühle? Ich hänge mittlerweile schon sehr an diesem Schloss. All die Zeit und Arbeit, die ich hier reingesteckt habe ... aber ich bin dort daheim, wo meine Familie ist. Mein Zuhause sind die Menschen, die mir wichtig sind, der Ort ist letztendlich nicht entscheidend.«

WER SPUKT AUF ZIMMER 35?

Schlosshotel St. Georgen am Sandhof, Klagenfurt, Kärnten

Die Kapelle ist in düsteres Zwielicht getaucht. Irgendwo brennt eine Kerze. Ihr Schein lässt gerade noch den Altar erkennen und davor die steinerne Grabplatte. Sie trägt ein großes, geschwungenes, weiß umrahmtes Kreuz. Jäh durchbricht eine Glocke die Stille. Noch in den nachhallenden zwölften Schlag mischt sich ein weiterer Laut – wie unterdrücktes, bösartiges Gelächter. Zuerst ist es nur eine Hand aus dem Grab, ihre Finger umkrallen einen blitzenden Degen, doch dann erhebt sich die ganze Gestalt. Weder ist dieser Unheimliche aus Fleisch und Blut, noch entstammt er unserer Zeit: Pluderhosen, ein Brustharnisch und darüber, umrahmt von der schneeweiß gepuderten Allongeperücke, grinst höhnisch eine bleiche Fratze. Es ist Geisterstunde und der Untote hat nichts Gutes im Sinn, als er, den Degen in der Faust, durch die verschlossene Tür entschwindet, den langen Korridor durchschwebt. Sein Ziel ist Zimmer 35.

Ein schriller Kinderschrei fährt durch Mark und Bein. Gerade noch haben die zwei kleinen Mädchen friedlich geschlummert, als die Schauergestalt plötzlich der Wand entsprang. Um Haaresbreite entgehen die beiden dem scharfen Degen, der ihre Kissen durchdringt. Wie Schneegestöber fliegen Daunen durchs Zimmer. Kreischend flüchten die Kinder, barfuß, in flatternden weißen Nachthemdchen laufen sie um ihr Leben, hetzen den Korridor entlang, die Treppe hinab. Doch ihr mordgieriger Verfolger bleibt ihnen dicht auf den Fersen. Werden ihm die beiden entkommen, ihm, dem Herrn des Hauses, dessen böses Gelächter schon seit dreihundert Jahren durch diese Hallen dröhnt?

So spektakulär stellte sich ein ORF-Redakteur 1999 den nächtlichen Auftritt von Baron Kulmer im Schlosshotel St. Georgen vor. Zwar soll sein Geist dort tatsächlich Schabernack mit Gästen und Bewohnern treiben, doch viele Zeugen beschreiben ihn als eher gutmütig und lange nicht so Furcht einflößend, wie in dem TV-Vorspann dargestellt.

Talkshow *VERA*, 1. April 1999

Ursula Kuess, eine aparte Dame Ende dreißig, gekleidet in Kärntner Tracht, betritt das Fernsehstudio und wird von Dieter Chmelar, zu dieser Zeit Vera Russwurms Karenzvertretung, empfangen.

CHMELAR: *Frau Kuess, in Ihrem Hotel spukt es. Gibt es verlässliche Zeugen? Wissen Sie darüber Bescheid?*
KUESS: Ja, natürlich weiß ich darüber Bescheid. Es ist zwar kein Geisterschloss in dem Sinn, dass es ungute Gefühle hervorruft, aber wir haben immer wieder Gäste, die diese Wesenheit dort spüren, sie sehen, vielleicht auch ansprechen.
Ihr Haus ist achthundert Jahre alt. Erzählen Sie uns einmal, wen Sie als Geist vermuten.
Wir glauben, dass es sich um einen Baron Kulmer handelt. Das Schloss war im 17. Jahrhundert eine Kommende des Deutschen Ritterordens und dieser Baron Kulmer dort Kommendenherr. Er war als lebensfroher und lustiger Mann bekannt, der gerne getrunken und die Gelder des Deutschen Ritterordens mehr oder weniger verschwendet hat. Auch den Frauen war er sehr zugetan. Die Geschichte, die man sich im Dorf immer wieder erzählt, geht dahin, dass Baron Kulmer auch einige uneheliche Kinder in die Welt gesetzt hat. Man kann es nicht nachprüfen, denn damals wurde, ebenso wie heute, sehr viel vertuscht, besonders wenn man in der Öffentlichkeit stand. Man nimmt aber an, dass er entweder einen Mord an einem eifersüchtigen Ehemann begangen hat, oder eines dieser unehelichen Kinder wurde von ihm irgendwie unter die Erde gebracht.

Sie haben ja zwei Gräber gefunden. Eines davon war unzweifelhaft das des Barons, sein Skelett lag darin, und im anderen befand sich eine Kinderleiche.
Ja, eine Kinderleiche. Auch für die Wissenschaftler, die das untersucht haben, war unerklärlich, woher dieses Kind gekommen sein könnte.
Die Vermutung liegt nahe, dass er es selbst unter die Erde gebracht hat und daher nicht zur Ruhe kommen darf. Deswegen muss er ewig leben. Für Gespenster ist das ja auch eine Strafe.
Wissen Sie, wenn man das etwas weiter betrachtet, dann ahnt man, dass die Zeit wohl nur bei uns eine so große Rolle spielt. Für Geister, für jemanden, der über die Schwelle gegangen oder in einen anderen Bewusstseinszustand eingetreten ist, ist Zeit nicht unbedingt wichtig. Der Geist weiß noch gar nicht, dass er nicht mehr am Leben ist, und wartet darauf, erlöst zu werden.
Eine Rezeptionistin hat angeblich fluchtartig das Haus verlassen.
Ja, an einem Abend. Aber das war eher eine lustige Geschichte. Meine Kinder hatten eine Geburtstagsfeier in unserem Speisezimmer. Einen ganzen Nachmittag lang bestückten sie unseren alten Wurlitzer dort mit dem Lied »Ghostbusters«. Scheinbar fühlte sich diese Wesenheit derartig gestört in ihrer Ruhe, dass wir am Abend, als die Kinder bereits im Bett waren, eigentümliche Dinge beobachten konnten. Es war nicht zum ersten Mal. Unser automatischer Wasserkocher schaltete sich selbstständig ein und aus, es knarrte fürchterlich, Kastentüren gingen auf und zu. Vielleicht gibt es logische Erklärungen dafür, aber man soll es schon mit Vorsicht genießen, weil so etwas passiert ja nicht jeden Tag.
Sie haben auch viele prominente Gäste in Ihrem Hotel. Einen Stammgast haben wir heute zu uns eingeladen. Jetzt begrüßen wir bei uns die Schauspielerin Gertrud Roll. Was, Frau Roll, haben Sie als Gast in diesem Haus erlebt?
(Die Zuschauer klatschen. Die Kamera schwenkt auf Frau Roll, die im Publikum sitzt.)
ROLL: Ich wohnte in dem berühmten Zimmer 35. Ich bin eher jemand, der realistisch ist. Aber ich hatte in der zweiten Nacht, als ich dort geschlafen habe, das Gefühl, dass jemand da war und mich immer anschaute. Aber nett, nicht böse. Dann machte ich

Schlosshotel St. Georgen – manche genießen die Idylle schon seit Jahrhunderten

das Licht an, da war aber nichts. Am nächsten Tag dachte ich mir: ›Ach, du spinnst doch, du sagst das nicht!‹ Und dann hab ich von dem lieben Kollegen gehört, der da auch ...

Und der ist jetzt zugeschaltet, der Karl Merkatz. Die Gertrud will dem Karl Merkatz etwas sagen.

(Volkschauspieler Karl Merkatz, bekannt aus »Ein echter Wiener geht nicht unter« und »Der Bockerer«, erscheint auf einem Bildschirm, live übertragen aus einem Landesstudio. Merkatz lächelt schelmisch in die Kamera. Das Publikum begrüßt ihn mit freundlichem Applaus.)

ROLL (*erhebt schmunzelnd den Zeigefinger Richtung Merkatz*): Du hast mich nicht vor diesem Zimmer 35 gewarnt! Erst als ich die Geschichte von dir gehört habe, traute ich mich, Frau Kuess von meinem Gefühl zu erzählen, dass da etwas nicht in Ordnung ist. Aber es ist ja gutmütig, das Ganze.

Lieber Karl Merkatz, die Frau Roll hatte ja nur das Gefühl, beobachtet zu werden. Wie ist es Ihnen ergangen?

MERKATZ: Ich schlief etliche Male in diesem Zimmer, damals spielte ich in Klagenfurt Theater. Am ersten oder zweiten Abend, ich weiß es nicht mehr genau, kam ich ins Hotel zurück und trank unten mit der Hausherrin noch ein Gläschen Wein. Es ist immer sehr angenehm bei ihr. Als ich dann in meinem Zimmer das Licht abdrehte und schon so leicht dahindämmerte, da pfiff plötzlich jemand. Ich bin richtig hochgefahren, dachte mir: »Wer pfeift mir denn jetzt?« Ich stand auf, öffnete die Tür und schaute auf den Flur. Von da schien das Geräusch gekommen zu sein. Aber es war niemand zu sehen. Ich schloss die Tür, legte mich wieder hin und nach ein paar Minuten pfiff es wiederum. *(Merkatz pfeift.)* Ich bin wieder hinaus, doch der Flur war leer.
KUESS: Du hast doch auch eine Stimme gehört, die »Hallo« gesagt hat.
MERKATZ: Ja, das hab ich vergessen. »Hallo!« Ich horchte, und nix war. Ich stand auf, machte die Tür auf. »Hallo!« Ich konnte aber nichts und niemanden sehen.
Ich möchte noch einmal Frau Roll um ihre Einschätzung dieser Erscheinung bitten.
ROLL: Ich glaube daran, dass manche Menschen sensibel und empfänglich sind für diese Dinge. Ich bin leider noch nicht so weit. Dass es das gibt, dass die existieren – selbstverständlich!
Sind Sie (Chmelar wendet sich wieder Frau Kuess zu) *glücklich mit Ihrem Geist oder wollen Sie ihn loswerden?*
Wissen Sie, zugänglich für solche Wesenheiten sind immer nur Menschen, die sich dem öffnen. Jemand, der sich abschirmt, damit nichts zu tun haben will, hat auch keine Möglichkeit, diesen Geist zu sehen. Sensiblere Menschen, etwa Künstler, haben natürlich ein feineres Sensorium, sind dafür zugänglicher. Doch man muss vorsichtig sein mit diesen Dingen, denn man trifft immer nur jene Geister, auf deren Niveau man selbst steht. Zur Vorsicht rate ich auch immer meinen vier Kindern: »Bitte, spielt nicht damit! Befasst euch ruhig damit, aber versucht, wenn ihr so weit seid, diesen Wesenheiten über die Schwelle zu helfen.«
(Chmelar bedankt sich und verabschiedet seine Gäste. Das Publikum applaudiert.)

Schauspieler Karl Merkatz hat nicht nur in Kärnten Unheimliches erlebt

Ein Kaffeehaus am Wiener Ring, Mai 2004

»Natürlich, ich erinnere mich noch gut an diese Geschichte«, lächelt Karl Merkatz. »Das war 1994. Ich spielte den *Mann von La Mancha* im Klagenfurter Stadttheater. Während dieser Zeit wohnte ich einen Monat lang in diesem zum Hotel umgebauten Schlösschen. Es war damals genau so, wie ich es beschrieben habe. Nachts wurde ich durch einen Laut geweckt. Ich riss die Tür auf, blickte aber auf einen leeren Gang. Dort konnte sich niemand verstecken, es gab keine Möglichkeit dafür. Es war schon zwei, drei Uhr in der Früh. Das Licht brannte, aber nichts war zu sehen.

Ich war dann ein bisschen beunruhigt, legte mich wieder hin und habe nachgedacht. Da kamen mir so Gedanken in den Sinn: Wenn es ein Weiterleben der, sagen wir einmal, Seele in einem Jenseits nach dem Tod gibt, dann gibt es vielleicht auch manche, die den Absprung da hinüber nicht bewältigen. Die sind dann gebunden an den Ort ihres Todes und können von dort nicht weg. Und wir nennen sie eben Geister. In irgendetwas manifestieren die sich dann, in Schatten oder Geräuschen. Das glaube ich schon, weil ich diesbezügliche Erfahrungen selbst gemacht habe.

Ich hatte einmal einen sehr schweren Unfall und über eineinhalb Stunden das Bewusstsein verloren. Während dieser Zeit war mir, als würde ich unendlich tief abstürzen und dann, aus der Tiefe ohne Leiter, ohne Treppe langsam wieder aufsteigen. Ich weiß nicht wie, aber der geistige Körper schien sich von jenem aus Fleisch und Blut getrennt zu haben. Mir war, während ich abstürzte, als sähe ich mich selbst aus der Entfernung und langsam entschwinden.«

Merkatz nippt nachdenklich an seinem Wein und zuckt mit den Schultern. Eine bessere Erklärung habe er auch nicht, aber einmal, in jungen Jahren, sei ihm etwas noch viel Unheimlicheres als in St. Georgen passiert.

»Knapp nach Kriegsende, im Herbst 1945, da war ich fünfzehn Jahre alt und wohnte bei befreundeten Bauersleuten nahe bei Eisenstadt. Dort brannte es einmal, eine ganze Straßenzeile stand in Flammen und jeder musste helfen. Auch ich schleppte Wassereimer, andere Möglichkeiten gab es damals nicht. Etwa um eins, zwei in der Nacht sagten sie zu mir: ›Bub, kannst heimgehen, jetzt brauchen wir dich nicht mehr.‹

Ich machte mich daraufhin alleine auf den Heimweg und kam an einem großen Kreuzweg vorbei, mit Christus und Madonna links und rechts, und gegenüber war die Friedhofmauer. Ich war mutterseelenallein und Licht gab es damals keines auf den Straßen. Ich gehe diesen Weg entlang, plötzlich steht vor mir eine dunkle Gestalt, in einem schwarzen Mantel mit einem großen Hut. Ich blieb vor ihr stehen, konnte auch kaum vorbeigehen. Sie bewegte sich nicht, ich sah auch kein Gesicht, gar nichts. Ich nahm all meinen Mut zusammen, umrundete diesen Schwarzen, und dann packte mich so die Angst, dass ich zu schreien begann, konnte gar nicht mehr aufhören. Und immer noch schreiend bin ich dann zu Hause angekommen. Der Bauer, dem ich das später erzählt habe, sagte mir: ›Jaja, ich weiß schon. Der hat sich am Friedhof aufgehängt, der geistert immer noch.‹ Solche Sachen hab ich schon einige erlebt. Ich weiß sie gar nicht mehr alle.«

Schlosshotel St. Georgen am Sandhof, Klagenfurt, Juni 2004

Annabichl heißt der 9. Bezirk Klagenfurts, am Fuße des Maria-Saaler-Berges. Offenbar wusste einst auch der Kärntner Adel diese Mischung aus Stadtnähe und idyllischem Landleben zu schätzen. St. Georgen am Sandhof ist nämlich nur eines von mehreren Schlössern in dieser Gegend. Wenn es auf dem Weg zum Flughafen nicht staut, dauert die Autofahrt vom Zentrum der Landeshauptstadt hierher nur wenige Minuten. Das ist Fortschritt, denn als der Topograf Johann Weichard Valvasor 1688 das Schloss in Kupfer stach, schrieb er, das Anwesen liege ... *nicht gar eine Stund von Clagenfurt, in der Anhöhe; hat ein lustiges Ansehen, und einen schönen Garten. Ist vorzeiten ein Schloß Sandhof genannt, und einem Herrn Reibald gehörig gewesen; anjetzo aber zu einer Commenda des Teutschen Ordens worden.* Eine *Kommende* war eine Niederlassung geistlicher Ritterorden und unterstand einem *Komtur*, dem Statthalter des *Hochmeisters*, wie das höchste Amt im *Deutschen Orden* immer noch heißt. Neben den Johannitern und den legendenumwobenen Templern entstand der *Ordo Teutonicus*, der *Deutsche Ritterorden*, ebenfalls während der Kreuzzüge. Die Ritter trugen als Ordenszeichen ein schwarzes Kreuz auf weißem Mantel. 1809 ließ Napoleon den Orden außerhalb Österreichs auflösen, Kaiser Franz I. erneuerte ihn 1834 als katholische Adelsgemeinschaft. Schon seit 1780 war stets ein Erzherzog, ein Habsburger, *Hoch- und Deutschmeister*, also Oberhaupt, gewesen. Der Orden existiert immer noch, beschränkt sich heute aber auf karitative und religiöse Aufgaben.
Zur angesprochenen Zeit war es Pflicht für Ordensritter, das

Christentum mit dem Schwert zu verteidigen, was sie in den zahlreichen Türkenkriegen auch ausgiebig taten. Aber ebenso war es Pflicht, ein strenges, gottgefälliges Leben zu führen. Zumindest Letzteres lässt sich vom St. Georgener Kommendherren, Baron von Kulmer, nur schwer behaupten.

»Vor zwanzig Jahren, als wir es erworben haben«, erzählt Ursula Kuess, Geschäftsführerin und Besitzerin des romantischen Schlosshotels, »war es eine Ruine. Dann begann die aufwändige Renovierung.« Im Zuge dieser kamen die irdischen Reste früherer Bewohner zu Tage: »Drei Gräber haben wir in der Schlosskapelle gefunden, kurz vor Ostern 1992. Ein Grabungsteam des Kärntner Landesmuseums hat sie untersucht. Im ersten fand man die Gebeine eines ein Meter achtzig großen Mannes, einen seidenen Umhang mit dem schwarzen Kreuz und Reste von Kordeln, Bestandteile der Uniform eines Deutschordensritters. Das waren zweifellos die Überreste des 1719 begrabenen Barons. Im Ordinariat des Deutschen Ordens in Wien gibt es noch ungefähr dreißig Kartons mit Berichten über ihn und wie er gehaust hat. Das ist damals alles genau festgehalten worden: Wie viele Ausgaben, wie viel Wein, wie viele Festivitäten. Er war ein sehr lebenslustiger Mann. Wein, Weib und Gesang waren ihm alles andere als zuwider und man sagt ihm auch einige ledige Kinder nach. Das zweite Grab enthielt neben einer Frauenleiche die eines Säuglings. War nun Baron Kulmer der Vater dieses Kindes; und hat er die Frau geschwängert? Eine Adelige oder eine aus dem Dorf? War er etwa auch nicht ganz unschuldig am Tod der beiden? Es gibt dahin gehende Vermutungen, aber man weiß es nicht genau. Frau und Kind, so viel ergaben die Untersuchungen, waren noch zu Lebzeiten des Barons gestorben und beide Gräber schon vor langer Zeit geplündert worden, wahrscheinlich während der Franzosenkriege. Im Grab des Barons fehlten Schwert und Ordenskette. Ohne diese Beigaben wurde kein Ordensritter bestattet.

Ja, und nach der Renovierung begannen diese Vorfälle. Anfangs nahmen wir bloß seltsame Stimmungen wahr, hörten unerklärliche Geräusche, etwa Schritte, die sich nicht zuordnen ließen, auch leise Rufe in der Nacht. Zuerst meinten alle, das seien Erfindungen. Ich hab das auch nicht besonders ernst genommen, stand diesen Dingen noch sehr skeptisch gegenüber. Als es dann aber der Karl Merkatz in einigen Interviews erwähnte, wurde die Öffentlichkeit, wurden die Medien darauf aufmerksam. Und nach den Fernsehauftritten in *Vera*, der *Barbara Karlich Show* und *Willkommen Österreich* haben sich alle möglichen Wunderheiler und Geisteraustreiber bei uns gemeldet.

Besonders einer von denen schien mir sehr interessant. Wahrscheinlich ist er nicht mehr am Leben, denn er war damals schon weit über achtzig. Er behauptete, er könne Geister sehen, sie auch rufen, und er erklärte mir, dass es nur drei Gründe gebe, warum solche Wesenheiten auf der Erde bleiben: Entweder haben sie jemanden getötet, einen Schatz versteckt oder wegen einer verlorenen Liebe. Dieser Herr ging bis zu den Stufen, von wo aus man in die Schlosskapelle gelangt. Kurz davor steht ein Stuhl in einer Ecke. Dort meinte er: ›Aha, da sitzt er!‹, und begann anscheinend mit dieser Wesenheit zu sprechen. Wir konnten die Worte nicht verstehen, er murmelte nur ständig vor sich hin. Angeblich ist eine verlorene oder unerfüllte Liebe der Grund, denn über einen versteckten Schatz konnte dieser Herr nichts in Erfahrung bringen. Daraufhin ließ sein Interesse merkwürdigerweise schlagartig nach. Wenn ich seither an diesem, vom Baron angeblich bevorzugten Stuhl vorbeigehe, grüße ich halblaut: ›Guten Abend, Herr Baron.‹ Auch einige Mitarbeiter haben sich das angewöhnt. Ich kann ihn ja nicht sehen, denke mir aber: ›Sicher ist sicher.‹«

Frau Kuess ist eine sehr seriös wirkende und eloquente Dame. In solchen Momenten blitzt aber jener gewisse Schalk in ihren Augen auf, den manche wohl eine typische Kärntner Eigenart nennen würden.

»Wie er sich sonst noch bemerkbar macht? Oft geht das Licht in der Kapelle von selbst an, obwohl sie nachts von uns abgesperrt wird und danach kein Gast mehr hineinkommt. Trotzdem brennt morgens immer wieder das Licht. Es ist unglaublich, wie oft das schon passiert ist. Für uns ein Hinweis, dass wirklich der Kulmer umgeht, denn in der Kapelle liegt ja sein Grab.

Dann scheint er unser privates Speisezimmer zu mögen. Dort geht es nicht mit rechten Dingen zu. Meine vier Kinder haben das wohl zuerst gespürt. Nachdem sie während dieser Geburtstagsfeier da-

mals – ich habe das auch im Fernsehen erwähnt – den halben Tag lang dieselbe Platte, nämlich *Ghostbusters*, gespielt hatten, dürfte er beleidigt gewesen sein. Den ganzen Abend lang ging es danach rund: Der große Teekessel schaltete sich permanent von selbst ein und aus, ebenso das Licht. Es knarrte ganz seltsam, Schranktüren gingen auf und zu. Für sich genommen ließe sich das alles wohl logisch erklären, unheimlich aber war diese Häufung. Wir saßen dort auch oft mit lieben Stammgästen beisammen, etwa dem Karl Merkatz, er ist ja ein Freund der Familie. Alle meinten, die Strahlungen seien in diesem Raum am stärksten. Oft hat man einfach das intensive Gefühl, es sitzt *noch jemand* mit am Tisch.
Von unseren Gästen gibt es jede Menge Berichte, am häufigsten wird Ungewöhnliches in diesem Zimmer 35 wahrgenommen. Viele Piloten übernachten hier, denn der Flughafen ist ja gleich in der Nähe. Einige von ihnen behaupteten wiederholt, sie hätten am Morgen irgendwelche Sachen nicht gefunden. Gerade als sie schließlich resigniert die Suche aufgeben wollten, lagen dann die Uhr, die Socken oder was auch immer, an einer Stelle, an der sie zuvor schon hundert Mal nachgeschaut hatten. Das schien wie ein Spiel.
Sehr oft sind auch Künstler bei uns, vom Stadttheater oder von den Festspielen. Die bleiben für gewöhnlich länger und sind vielleicht schon von Berufs wegen sensibler als andere Leute. Von Karl Merkatz und Gertrud Roll wissen Sie ja schon. Dann fällt mir der bereits verstorbene Schauspieler Ulrich Wildgruber ein. Er kam gerne zu uns, weil er hier, wie er meinte, unter den Kastanienbäumen besonders gut seine Texte lernen konnte und während des Schlafes das Gefühl hatte, von einem Wesen positive Energie zu bekommen.
Berichte kamen auch von Menschen, die sicher noch nie etwas vom hier umgehenden Baron gehört hatten. Ein Mathematikprofessor aus den Vereinigten Staaten fällt mir da ein. Der erzählte, in der Nacht sei in seinem Zimmer jemand unter der Dusche gestanden. Mehrere Male hintereinander stand der Professor auf, schaute nach – das Wasser ist geronnen, aber niemand war zu sehen. Jedes Mal drehte er den Hahn ab, kaum lag er wieder im Bett, ging das erneut los. Da hat sich jemand geduscht!

Die Schlosskapelle – für Baron Kulmer kein Ort des ewigen Friedens

Ich hörte auch schon, dass es in beheizten Räumen mit einem Mal unerklärlich kalt geworden sei und für kurze Zeit habe dann Modergeruch in der Luft gehangen. Vereinzelt wurden auch Gestalten gesehen. Zwei Damen etwa, die gemeinsam Nummer 35 bewohnten, erzählten mir, irgendetwas sei auf ihrem Bett gesessen. Das war aber kein Mensch, denn die beiden nahmen nur Umrisse wahr und hatten obendrein das Gefühl, diese Wesenheit möchte mit ihnen kommunizieren. Das würde zum Baron Kulmer passen, denn der hatte es ja mit den Damen ...«

»Aber vielleicht war ja auch alles ganz anders ...

... es gibt da nämlich noch eine Möglichkeit, wer für diese Phänomene verantwortlich sein könnte«, überlegt Frau Kuess. »Im 19. Jahrhundert gehörte das Schloss dem unglaublich wohlhabenden Baron Reyer. Er lebte hier mit seiner Tochter Antonia. Sie war wegen eines Hüftleidens leicht gehbehindert. Diese Baronin Antonia hat sich in einen Ritter Otto von Leitgeb verliebt. Der war von sehr niederem Adel, eigentlich eher so ein Großbauernsohn, den man später zum Ritter geschlagen hat. Baron Reyer war strikt gegen diese Verbindung und er verbot seiner Tochter, diesen Leitgeb zu heiraten. Sehr oft aber befand sich der Vater auf ausgedehnten Geschäftsreisen, hauptsächlich in Italien, und Antonia nutzte seine Abwesenheit, um diesen Turm dort anbauen zu lassen. Im Dorf nannte man ihn bald nur noch den ›Prentlturm‹. *Prentln* bedeutet so viel wie *fensterln*.
Der Vater hatte geschworen, dieser Leitgeb komme ihm nicht über die Schwelle. Durch den gewöhnlichen Eingang durfte er auch nicht herein. Damit ihr Angebeteter des Nachts aber trotzdem zu ihr konnte, ließ sich Antonia eben im Turm besuchen. Vielleicht hatte sie auch Angst, ihr Vater würde sie verfluchen, wenn sie sich nicht an sein Verbot hielt. Wie auch immer, trotz aller Warnungen heiratete sie ihren Otto schlussendlich doch.
Leider hat der Vater, was den Charakter seines neuen Schwiegersohns betraf, Recht behalten, denn etwa drei Jahre nach der Eheschließung begannen die Probleme. Es kam das Telegramm eines Freundes von Otto namens Tosi. Dessen sechzehnjährige Tochter sei schwermütig, habe Liebeskummer, ob sie zur Abwechslung für eine Weile auf Besuch kommen könne? Otto stimmte zu und nahm das Mädchen auf. Das war die Bianca Tosi vom Gardasee und aus dem geplanten Ferienaufenthalt wurde eine heftige Affäre mit dem Otto. Der Baron war damals bereits tot. Seine Tochter konnte wegen ihres Leidens schon nicht mehr gehen, war mehr oder minder im ersten Stock dieses Turms eingesperrt und musste von dort oben noch jahrelang buchstäblich zusehen, wie Otto mit dieser Bianca ihr ganzes Vermögen durchbrachte.
Dann hat er seine Geliebte auch noch adoptiert! Sie war vierund-

dreißig Jahre jünger als Otto und hatte nur das Pech, dass er erst mit über neunzig starb. Als sie nach Jahrzehnten endlich frei wurde, war sie selbst schon Ende fünfzig und auf dem freien Markt nicht mehr gefragt.« Frau Kuess lächelt verschmitzt. Fast könnte man ihr Schadenfreude unterstellen. »Dort drüben am Friedhof sind sie begraben. Es klingt verrückt, aber Otto, seine Ehefrau, die Geliebte und selbst der alte Reyer – sie liegen alle gemeinsam im selben Grab! Wir sagen immer, die werden sich jetzt bis in alle Ewigkeiten im Kreis drehen.

Baronin Antonia hatte auch eine Freundin, eine Gräfin Wrangel, die bewohnte hier unten drei Zimmer. Der sagte sie immer, sie solle auf alles aufpassen, dafür hat sie ihr das ewige Wohnrecht eingeräumt. Auch diese Gräfin überlebte Antonia um einiges. Und nun kommt besagte zweite Theorie: Entweder spukt die Gräfin Wrangel, weil sie diesen Auftrag nicht erfüllen konnte. Sie musste ja mit ansehen, wie Otto und Bianca nahezu das gesamte Vermögen ihrer Freundin Antonia verprassten.

Denkbar wäre natürlich auch, dass die Baronin selbst keine Ruhe findet. Letztlich käme aber auch der Otto in Frage, wegen seines liederlichen Lebenswandels. Die Tosi soll ja nicht die einzige Dame gewesen sein, die er beglückt hat. Als seine Adoptivtochter beerbte sie ihn zwar am Ende, aber vom großen Reyer-Vermögen war wenig übrig. Das hochverschuldete Anwesen verkaufte sie dem Land Kärnten um einen sehr geringen Betrag. Sie starb dann, völlig verarmt, Mitte der siebziger Jahre.

Als wir das Schloss gekauft haben, lebte noch ihre ehemalige Kammerzofe, und die hat uns alles erzählt. Nicht zuletzt die Anekdote von Ottos Tod: Kaum war er verschieden, hatte die Bianca es sehr eilig, ihn unter die Erde zu bringen. Der Sarg wurde nicht, wie üblich, über die Stiegen hinuntergetragen, nein, sie ließ seine Leiche vom Balkon abseilen. Damit er nur ja nicht wieder die Augen aufmacht, wie sie meinte.«

Der Kärntner Dialekt ist tückisch. Selbst die wüstesten Geschichten klingen in dieser Sprache immer noch charmant.

Frau Kuess selbst tippt eher auf einen männlichen Geist. Die Streiche traue sie sowohl Baron Kulmer als auch Ritter von Leitgeb zu, die beiden seien sich sehr ähnlich gewesen: lebenslustig, den Frauen zugetan, verschwenderisch und leutselig. »Wie? Ja, da haben Sie vielleicht Recht, typische Kärntner eben. Zumindest behaupten das böse Zungen ...

Die Leute hier in der Gegend sagen, der Otto war ein würdiger Nachfolger vom Kulmer. Ein älterer Herr sprach meinen Mann und mich einmal an, weil wir ihm als Schlossbesitzer bekannt waren. ›Kennen Sie meinen Namen?‹, fragte er uns. Wir schüttelten den Kopf. ›*Otto*! Können Sie mir sagen, wieso mich meine Mutter ausgerechnet *Otto* getauft hat? Meine Brüder heißen alle ganz normal, nur ich heiße *O-t-t-o*! Außerdem schau ich überhaupt nicht aus wie mein Vater! ...‹ Solche Geschichten hört man halt immer wieder.«

Der Friedhof liegt nur wenige Gehminuten entfernt. Eine hübsche Dorfkirche, rundum Gräber, von einer Mauer umgrenzt. Die letzte Ruhestätte von Otto, seinen Frauen und dem alten Baron ist bald gefunden, eine Wohngemeinschaft für alle Ewigkeit. Der Grabstein trägt die Inschrift:

FRANZ FREIHERR von REYER
1824 – 1909
ANTONIA von LEITGEB
GEB. FREIIN von REYER
6. 8. 1861 – 26. 12. 1939
OTTO GEORG RITTER von LEITGEB
24. 10. 1860 – 2. 10. 1951
BIANCA von TOSI-LEITGEB
18. 7. 1894 – 23. 8. 1976

SCHWARZE FRAU IM WEISSEN SCHNEE

Schloss Ladendorf, Weinviertel, Niederösterreich

»Betreten des Schlossgebäudes verboten! Akute Einsturzgefahr!«, warnen die Lettern auf dem verwitterten Schild. Max-Eduard Huck lässt sich davon nicht beirren und öffnet das Tor. Die Außenfassade der Ruine ist von Pflanzen überwuchert. Schon ein Taschenmesser würde reichen um in das Gemäuer einzudringen, nur Plastikfolien schützen viele der glaslosen Fenster, andere sind mit Brettern vernagelt.

»Ganz geheuer war es hier nie. Bei der Dorfjugend galt es früher als Mutprobe, hier zu übernachten«, erzählt Herr Huck. Seine Aussprache verrät, dass er nicht immer im Weinviertel gelebt hat. Seine Kinderjahre verbrachte er in Deutschland. Nach dem Krieg übernahmen die Eltern Gutshof und Schloss aus dem Familienerbe.

Die Kapelle samt Altar ist zerstört, die geschwungene Freitreppe von Efeu überwachsen. Bauschutt liegt in den Gängen und nur notdürftig stützen Holzstangen die Decke im großen Saal. Hier wohnt längst niemand mehr. Das Schloss verfällt. Schließt man die Augen, braucht es einige Fantasie, sich die prächtigen Bälle und Empfänge vergangener Jahrhunderte vorzustellen. Selbst Maria Theresia hat hier getanzt, 1756, anlässlich der Hochzeit einer Tochter ihres Obersthofmeisters, Johann Joseph Fürst Khevenhüller-Metsch. Zusammen mit dem fünfzehnjährigen Thronfolger und dem halben Hofstaat war sie erschienen, geht aus dem berühmten Tagebuch des Fürsten hervor. Erbauen ließen Schloss Ladendorf die Grafen Daun, kaiserlicher Feldmarschall der Vater wie der Sohn. Aus der alten Festung an dieser Stelle wurde ein standesgemäßer barocker Landsitz, eine Sommerresidenz für Friedenszeiten. Seit damals führt von Süden her eine fast vier Kilometer lange Lindenallee. Sie zu befahren war früher ausschließlich der Herrschaft vorbehalten. Noch 1940 war das Gebäude in vorbildlichem Zustand. Dann kamen die Russen.

Von ihnen stammen die Einschusslöcher in den Wänden. Alles, was nicht niet- und nagelfest war, haben sie geplündert, den Rest mutwillig zerstört. 1945 war Schloss Ladendorf ein Lazarett der Roten Armee für fünftausend Verwundete, danach Flüchtlingslager für vertriebene Deutschsprachige aus Serbien und dem Banat. Alles Brennbare wurde damals verheizt, selbst Dachsparren, Fensterstöcke und Wandvertäfelungen. Die verblasste Kindermalerei über einer Tür stammt aus den fünfziger Jahren. Kurzfristig war hier eine Volksschule untergebracht. Vor wenigen Jahren haben Diebe die letzten wertvollen Gegenstände, zwei Kamine, in einer Nacht-und-Nebel-Aktion herausgerissen und abtransportiert. Die Renovierung des trostlosen Gebäudes würde fraglos ein Vermögen verschlingen. Niemand will oder kann sich das leisten.

»Früher war ich das, was man einen Gutsherrn nennt. Ich habe Landwirtschaft studiert und konnte zu Beginn noch zwanzig Leute beschäftigen. Heute sind es eineinhalb. Es ist aber immer noch die gleiche Arbeit. Nun bin ich das, was man einen Hilfsarbeiter nennt. Wir leben nicht schlecht davon, aber zunehmend schwieriger.« Max-Eduard Huck spricht ohne Bedauern oder Bitterkeit. Es ist nur eine Feststellung.

»Ja, hier sind Dinge passiert, die sich mit reiner Vernunft nicht erklären lassen. Ob das mit dem Schloss zusammenhängt? Wahrscheinlich schon. *Sie* wurde aber nie im Schloss selbst gesehen, immer nur drüben, bei unserem Haus.« Die Hucks leben gleich neben der Ruine, im ehemaligen Verwaltungsgebäude. Der 60-jährige Familienvater bewirtschaftet siebenhundert Hektar in der Weinviertler Marktgemeinde Ladendorf, seine Frau arbeitet als Psychologin. Dass ihm mehrmals ein Geist erschienen ist, wundert wohl niemanden mehr als den bodenständigen Mann selbst.

»Es war vor vier oder fünf Jahren. Im Herbst. Ich fuhr am späten Nachmittag die Auffahrt hoch, als ich auf der rechten Seite eine Frau stehen sah. Ich dachte mir noch: Die ist aber merkwürdig

Einst tanzte hier der Kaiserhof, heute ist Schloss Ladendorf eine Ruine und dem Verfall preisgegeben

angezogen. Sie war ganz in Schwarz gekleidet, trug eine Art Kapuze und unten am Rock, das hat mich eben so gewundert, war ein heller Saum zu erkennen, wie eine goldene Borte. Ich dachte, die will vielleicht etwas von mir, stieg aus dem Auto und ging um das Fahrzeug herum. Da war sie schon weg. Eigenartig, aber ich redete mir ein, ich hätte nur geträumt und vergaß die Geschichte bald. Einige Zeit später kam ich wieder kurz vor Einbruch der Dunkelheit heim. Von der Garage führt eine Verbindungstür in unser Haus. Genau dort stand wieder eine Frau. Zuerst brachte ich das gar nicht mit dem Ereignis einige Wochen zuvor in Zusammenhang. Doch es passierte genau dasselbe: Ich stieg aus, ging um den Wagen herum und weg war sie. Ich suchte das Stiegenhaus ab, vergebens.«

Ein anderer hätte wahrscheinlich sofort aufgeregt seiner Familie

von der Begebenheit berichtet. Nicht so Max Huck. Um seine Frau, die vier Kinder und seine betagte Mutter nicht zu beunruhigen, verschwieg er das Erlebnis einfach.
»Sie ist auch meiner Tochter Lucia erschienen. Es hatte an diesem Tag frisch geschneit und sie wollte noch Freunde besuchen. Kaum aus dem Haus stand diese Frau vor ihr, relativ nahe. Lucia lief schreiend den Kirchenberg hinunter. Sie hatte solche Angst, wollte nicht mehr alleine nach Hause gehen und wir mussten sie dann abholen. Später suchten wir die Stelle nach Fußspuren ab. Im Schnee waren aber allein die Abdrücke von Lucia zu sehen.«
Der Hund der Hucks flitzt unbekümmert in den Gängen herum. Die Familie hält Hühner, Gänse und Pferde. Wie viele Landwirte im Weinviertel betreibt sie Ackerbau statt Viehzucht. Durch seinen Beruf verbringt Max Huck viel Zeit im Freien. Sein Gesicht ist sonnengebräunt und ihm ist diese freundliche Gelassenheit zu Eigen, welche naturverbundene Menschen oft ausstrahlen.
Die Gegend um Ladendorf ist typisch für das Weinviertel: menschenleere Dörfer, die geometrischen Muster der Felder und Weingärten, weich geschwungene Hügel, wie Wellen im Meer, offen und sanft die Landschaft und weit der Horizont. Heute ist ein strahlender Sommertag. Die Winter aber sind hier spröde und herb. Und auch die *Schwarze Frau* zeigte sich immer während der kalten Jahreszeit.
»Sie kam nur im Spätherbst oder Winter. Einmal waren Freunde aus Wien zu Besuch. Die siebzehnjährige Tochter der beiden kam plötzlich schreiend angelaufen – eine *komische Frau* habe sie gesehen und auf einmal sei die verschwunden. Ich meinte noch: ›Das hast du dir eingebildet.‹ Wir wollten kein Gerede damals.«
Herr Huck versperrt das Schlosstor und führt seine Besucher zu der Stelle, wo die Gestalt zuletzt erschienen ist: Eine Garageneinfahrt, unspektakulär; rechts die Eingangstür zum Haus, links ein geräumiger Weinkeller. Von einer Wand der Garage lacht ein pinkes Männchen mit Masche. »Das hat die Tochter unserer Bekannten an dem Tag gesprayt, als ihr diese Frau erschienen ist. Wie man sieht, war sie nicht etwa depressiv oder schlecht gelaunt, sondern ein fröhliches junges Mädchen.«
Im Garten der Familie nimmt die zweiundneunzigjährige Leo-

poldine Huck ungestört ein Sonnenbad. Ihr Mädchenname war Khevenhüller-Metsch, der letzte Fürst dieses Namens ihr Vater. Am Tisch daneben blättert Lucia in einer Zeitschrift. Auch sie ist bereit, von ihren Wahrnehmungen zu erzählen.

»Fünf Jahre muss es jetzt her sein. Ich radelte gerade den Hügel bei unserer Einfahrt hinunter. Dort stehen zwei kleine Häuser, sie sind aber nicht mehr bewohnt. Ich war relativ schnell unterwegs, als mir plötzlich jemand ›Hallo‹ ins Ohr flüsterte. Ich blieb stehen, schaute mich um – niemand zu sehen. Damals hab ich mir nicht wirklich viel dabei gedacht und es bald wieder vergessen.

Zuerst fiel mir das in unserer Garage auf. Die Autos stehen dort so, dass man rückwärts herausfahren muss. Dabei habe ich mehrmals aus den Augenwinkeln heraus jemanden stehen gesehen. Sobald ich genauer hinsah, war niemand da. In den Wintermonaten, wenn es schon dämmerte und meine Mutter mich von der Schule nach Hause gebracht hat, bemerkte ich oft direkt neben dem Autofenster eine Gestalt. Sobald ich nur kurz weggesehen habe, war sie verschwunden. Auch das hat mich noch nicht sonderlich beschäftigt, ich dachte mir, es gehen halt immer wieder Leute bei uns durch, auf dem Weg zur Kirche etwa. Darum erschien mir das zuerst nicht so seltsam. Zwischen diesen Wahrnehmungen lagen oft Wochen, wenn nicht sogar Monate. Das ist aber dann so weitergegangen und immer intensiver geworden. Es passierte vor allem genau dann, wenn man schon nicht mehr damit gerechnet hatte.

In jenem Winter, vor etwa drei Jahren, bin ich ihr dann mehrmals begegnet, stets während der Abenddämmerung. Ich konnte sie deutlich sehen. Sie tat nichts, stand nur regungslos da und schaute in meine Richtung. Ihr Gesicht war nicht zu erkennen, dafür war sie zu weit entfernt. Ich hab nur gewusst, das ist eine Frau. Drehte ich mich kurz weg und sah danach wieder hin, war sie immer verschwunden. Komisch dabei fand ich, dass sie von Mal zu Mal näher kam. Am ersten Abend stand sie noch weit unten, bei der Einfahrt. Dort gibt es einen Gänseteich und davor einen Zaun und beim zweiten Mal tauchte sie schon einen Pflock weiter auf. Sie zeigte sich nicht in regelmäßigen Abständen, aber jedes Mal ein Stück näher am Haus.

Ich hab das meinem Vater erzählt und er meinte nur: ›Geh, so ein Blödsinn! Das gibt's nicht!‹ Erst später hat er dann zugegeben, er habe sie auch schon öfter gesehen, wollte nur vermeiden, dass wir nicht mehr schlafen können.«
Lucia ist Anfang zwanzig. Seit einem Jahr lebt sie in Wien und kommt nur an den Wochenenden nach Hause. Für ihr Alter wirkt sie sehr reif, sie erzählt von ihrem Job und den Plänen für die Zukunft. Nächstes Jahr möchte sie mit dem Studium beginnen. Die junge Frau scheint zielstrebig, selbstbewusst und doch etwas schüchterner zu sein, als gleichaltrige Mädchen in der Großstadt.
Ihr Vater teilt diese Einschätzung: »Eigenartig, dass von unseren Kindern ausgerechnet Lucia diese Erlebnisse hatte. Sie ist von den Vieren die am wenigsten Verträumte und steht mit beiden Beinen fest im Leben. Nach der Matura wollte sie nicht gleich studieren, sondern zuerst einmal sehen, wie das so ist, berufstätig zu sein und eigenes Geld zu verdienen.«
Lucia beschreibt die Erscheinung ebenfalls als schwarz gekleidet, das Gesicht nur eine dunkle Fläche. Unwahrscheinlich kompakt sei sie erschienen, »nicht wie man sich gemeinhin einen Geist vorstellt, als weißen Nebel etwa. Man hätte sie für einen lebenden Menschen halten können, wäre sie nicht immer so abrupt verschwunden. Auch hat sie sich nie bewegt, ich habe sie immer nur stehen sehen.«
Nur in einem Punkt stimmten Vater und Tochter nicht überein. »Ich fand sie eher ältlich, schon etwas gebeugt, verschreckt vielleicht, irgendwie unzufrieden. Aber der Papa sagt, sie sei jung gewesen.«
»Das ist nicht unbedingt ein Widerspruch«, lacht Max Huck, »liegt wohl daran, dass für mich eine Vierzigjährige jung ist. Einer Siebzehnjährigen hingegen kommt das uralt vor. Ich bin kein Historiker, aber die Gestalt stammte sicher nicht aus unserer Zeit, und sie war keine aus dem Bauernstand. Das ist bei diesem ganzen Habitus aufgefallen: Schlank, hochgewachsen und einfach, aber dennoch irgendwie schick gekleidet. In einem Zeitungsartikel vor einigen Monaten war so eine ähnliche Figur abgebildet – ich würde sagen, 17., frühes 18. Jahrhundert.«
»Man kann das schwer beschreiben«, meint Lucia, »es klingt

Einsturzgefahr: nichts erinnert mehr an einstige Pracht

vielleicht auch verrückt, aber irgendwie habe ich gespürt, dass sie ein Problem gehabt hat. Und dass das schon länger her sein muss, nicht erst fünfzig oder hundert Jahre.«

Wie bereits erwähnt bestritt Herr Huck aus Rücksicht auf seine Familie zunächst die Existenz der *Schwarzen Frau*. Bis zu jenem Tag im Februar 2003, als der Neuschnee lag und seine Tochter es wirklich mit der Angst zu tun bekam.

»Ich war allein hier«, erzählt Lucia, »was in so einem großen Haus schon unheimlich genug ist, auch ohne Geistererscheinungen. Wir wohnen ja ziemlich abgeschieden. Bis zum nächsten Nachbarn, an der Kirche vorbei und den Hügel hinunter, geht man fünf Minuten. Ich wollte noch Freunde besuchen. Es hatte den ganzen

Tag geschneit und war schon finster, als ich gegen acht Uhr aus dem Haus trat. Und da sah ich sie dort stehen, nur wenige Meter entfernt, beim Eingang meiner Großmutter. So nahe wie nie zuvor. Ich bin furchtbar erschrocken, dachte mir aber, wenn ich jetzt wegschaue, wird sie wieder verschwinden. Das war so meine Masche und hatte bis dahin immer funktioniert. Doch an diesem Abend war es anders: Sie stand immer noch da. Ich blickte sie an, und obwohl über ihrem Gesicht ein Schatten lag, ich ihre Augen nicht erkennen konnte, war mir klar, sie blickte *mich* an. Das ist mir wirklich zu unheimlich geworden, ich rannte weg, zu meinen Freunden. Erst später wurde mir bewusst, dass sie diesmal an der Hauswand, direkt unter meinem Fenster, gestanden hatte. Am nächsten Tag jedenfalls waren wieder nur meine eigenen Fußspuren im Schnee, und mein Vater gab endlich zu, dass er ihr auch schon öfters begegnet sei.«

»Das Resultat war«, brummt Max Huck, »dass meine Schwester, die in Oberösterreich wohnt, uns nicht mehr besuchen wollte. Auch meine älteste Tochter weigerte sich, an den Wochenenden nach Hause zu kommen, meinte, sie brauche solche Sachen nicht. Und wenn sie dennoch einmal kam, wollte sie nur noch bei Licht schlafen. Für mich selbst war es zwar nicht Furcht erregend, aber doch sehr eigenartig. Sobald sich allerdings die Familie nicht mehr nach Hause traut, muss man etwas unternehmen. Wir fragten also einen Professor in Innsbruck, der in diesen Grenzgebieten bewandert ist, um Rat. Er meinte, es sei außergewöhnlich, dass sich eine Erscheinung derart stark materialisiere, sich bereits im Halbdunkel zeigen könne. Er schlug vor, jene Person, der die Frau am nächsten gekommen ist, solle sie beim nächsten Mal ansprechen. Denn offenbar wolle sie etwas mitteilen. Meine Frau und ich waren uns einig, dass das überhaupt nicht in Frage kommt. Unsere siebzehnjährige Tochter wird doch verrückt, wenn sie anfängt mit Geistern zu reden!«

Also wartete Herr Huck selbst auf die *Schwarze Frau.* Doch wie immer, wenn jemand die Begegnung mit einem Gespenst erhofft, erscheint es nicht, und bald schon war der Winter vorbei. Vergangenen Dezember, während einer Jagd, bot ihm dann ein Freund überraschend Hilfe an.

»Außerhalb der Familie redeten wir lange Zeit nicht darüber. Irgendwann kommt aber das Bedürfnis, da möchte man sich jemanden anvertrauen, das Ganze einmal loswerden. Dieser Freund von mir, ein Biobauer, kennt Herrn H., ebenfalls ein Landwirt im Weinviertel. Der soll über mediale Fähigkeiten verfügen. Mein Freund bot mir damals an, unseren Fall mit Herrn H. zu besprechen. Ich weiß es noch genau, es war der 7. Jänner dieses Jahres, als das Telefon läutete. Mein Freund sagte: ›Ihr werdet jetzt wahrscheinlich Ruhe haben.‹ Ich war sehr erstaunt. Er erzählte mir dann Folgendes: Dieses Medium hat sich unsere *Schwarze Frau* ins Haus bestellt und sie ist auch gekommen. Er fragte, ob er ihr helfen könne, und sie hat das bejaht. Daraufhin sagte er zu ihr: ›Gut, es wird ein Engel kommen, der nimmt dich bei der Hand und führt dich ins Licht.‹ Sie meinte: ›Das wäre schön.‹ Das war's.
Mir hat es einfach die Sprache verschlagen, als ich das hörte. Es erschien mir äußerst kurios. Dass man sich aus zwanzig Kilometer Entfernung einen Geist bestellen kann und einen Engel dazu, und der führt sie dann weg? Ich war auch viel zu verblüfft um Fragen zu stellen. Etwa weshalb dieser Geist sich uns gezeigt hat, aus welcher Zeit er stammt oder dergleichen. Mein einziger Gedanke war: Das gibt es ja alles nicht! Das kann ja nicht sein! Bilde ich mir das nur ein?
Seither habe ich sie nicht mehr gesehen. Aber das ist auch vorher schon so gewesen, dass sie sich oft über einen langen Zeitraum hindurch überhaupt nicht gezeigt hat. Plötzlich aber stand sie dann wieder da. Wir werden sehen, was nächsten Winter passiert.«
Lucia ergänzt: »Dieses Jahr hat sie tatsächlich noch niemand gesehen. Aber sie erschien immer dann, wenn man sie schon wieder fast vergessen hatte. Die Geschichte mit dem Engel aber übersteigt einfach meine Vorstellungskraft. Auch glaube ich nicht so ganz, dass sie für immer verschwunden bleibt.«
Warum suchte diese Gestalt hauptsächlich Lucia und ihren Vater heim? Das Mädchen überlegt: »Es war unheimlich und ich konnte es mir nicht erklären. Daher hab ich mir, wenn ich abends heimgegangen bin, immer gesagt: ›Ich muss an sie denken, ich muss an sie denken, weil dann erscheint sie nicht!‹ Ich wollte ihr nicht

begegnen, schon gar nicht mit einem Geist reden. Aber vielleicht, gerade weil ich in solchen Momenten intensiv an sie gedacht habe, ist sie mir so oft erschienen. Sie wurde auch von anderen Familienmitgliedern gesehen und auch von dieser siebzehnjährigen Tochter unserer Bekannten. Bei Papa und mir war es aber immer am intensivsten. Dabei glaubten wir beide wohl am wenigsten an Übersinnliches. Ein Bekannter erklärte das so: Sie sucht deshalb gerade den Kontakt zu uns, weil wir beide am stärksten mit dem Haus verbunden sind.«

Herr Huck korrigiert seine Tochter: »Bei mir ist das eher so eine Hassliebe. Am liebsten würd ich's anzünden.« Sein Lachen verrät, dass es ihm damit nicht so ernst ist.

»Wir freuen uns von allen am meisten, wenn wir nach einem Urlaub wieder nach Hause kommen. Meine Geschwister dagegen waren schon immer mehr nach Wien hin orientiert«, erwidert Lucia. Ihr Vater nickt zustimmend: »Ja, das stimmt«.

Lucias Bruder, dem Ältesten der Geschwister, ist die *Schwarze Frau* nie begegnet. Dafür hatte er als Dreijähriger eine seltsame Wahrnehmung.

»Meine Frau kam mit ihm gerade vom Reitplatz«, erzählt Max Huck, »als er plötzlich in eine bestimmte Richtung deutete und meinte: ›Mama, da oben hängt ein Mann!‹ Sie fragte: ›Wo?‹

›Da oben, siehst du ihn nicht? Da oben! Da oben hängt er doch!‹

Meine Frau konnte nichts entdecken. Heute will er sich nicht mehr daran erinnern. Aber wer weiß, in England etwa heißt es, dass der Erstgeborene die Geister sieht. Tatsächlich hat sich 1945 genau dort ein Mann erhängt. Er war ein Nazi, und als die Russen kamen, hat er seinem Leben ein Ende bereitet. Aus demselben Grund hat dort im Keller nebenan ein anderer Nazi sich und seine Frau erschossen. Auch nur drei Schritte von hier entfernt.«

Die Zeit nach dem Zweiten Weltkrieg ist den Ladendorfern in schrecklicher Erinnerung geblieben. Die Russen raubten, plünderten, vergewaltigten. Drei von ihnen aber sollen den Zorn der Bevölkerung zu spüren bekommen haben.

»Man hat sie gelyncht und ihre Leichen in dem Torbogen dort hinter dem Haus eingemauert. So heißt es jedenfalls. Wir haben das nie aufgemacht.

Aus Rache gelyncht und eingemauert – seit 1945 das Grab dreier Soldaten der Roten Armee?

In der Lindenallee gibt es eine stark eisenhaltige Quelle. Möglicherweise ist das mit ein Grund für die hier auftretenden Phänomene. Ich denke, der ganze Ort hier hat eine sehr eigenartige Energie. Durch alle Jahrhunderte hindurch ist hier immer sehr viel Schreckliches passiert. Die Gegend ist nicht optimal.«

Gibt es, wie manche behaupten, Orte, Landstriche mit einem *schlechten Karma*? Die Geschichte von Schloss Ladendorf und Umgebung jedenfalls liest sich wie eine Aneinanderreihung von Katastrophen. Zu Hunderten müssen Tote vieler Völker und Zeiten in dieser Erde liegen.

1450 verwüsteten böhmische Hussiten die damalige Burg, 1645, am Ende des Dreißigjährigen Krieges, verheerten die Schweden den Ort, 1683 drangen türkische Streifscharen bis hierher vor, 1705 wüteten die Kuruzzen, die ungarischen Aufständischen, und Anfang des 19. Jahrhunderts plünderten Napoleons Soldaten Ladendorf. Allein im vergleichsweise kurzen Zeitraum zwischen

1783 und 1827 wurde das Dorf sieben Mal von Feuersbrünsten heimgesucht, etwas weniger oft von Überschwemmungen. Eine Generation später, 1888, zerstörte ein einziger Wolkenbruch an die hundert Häuser. 1866, nach der Schlacht von Königgrätz, defilierte die preußische Elbarmee vor ihrem König durch die Lindenallee. Die Preußen zogen ab, die Cholera aber blieb und forderte noch viele Opfer.

1944 litt Ladendorf unter amerikanischen Bomben, 1945, während der Endkämpfe, unter russischen. Nach dem Einmarsch der Roten Armee, am 19. April, erlebte es sogar einen deutschen Luftangriff. Noch heute erzählen die Alten von den Gräueltaten »der Russen«, und wie damals einmal die Woche ein Bus gefahren sei, um Mädchen der Umgebung zum Abtreiben nach Wien zu bringen.

Unsagbar Schlimmes hat sich hier ereignet und doch wirkt diese Gegend heute so friedlich. Die Glocken der benachbarten Kirche schlagen fünf Mal. Gänse schnattern hinter dem Haus, unter dem Torbogen, in dem drei Tote eingemauert sein sollen.

Ob die *Schwarze Frau* für immer verschwunden ist, kann niemand mit Sicherheit sagen. Doch einen Schluss hat Herr Huck aus der Geschichte gezogen. »Wenn mich jemand fragen würde, ob ich an Geister glaube, dann wäre meine Antwort: Glauben tu ich nicht, ich *weiß*, dass es sie gibt. Aber Erklärung dafür hab ich keine.«

EIN FÜRST OHNE ERBEN UND EIN GRAF OHNE KOPF

Barockschloss Riegersburg, Weinviertel, Niederösterreich

»Das hier ist unser Spukzimmer«, meint Gräfin Pilati lapidar und öffnet die Tür. »Hier ist er gestorben, am 11. September 1905. Wie ich erwartet habe, ist das Bettzeug wieder zerwühlt. Viel seltener kommt es allerdings vor, dass er zusätzlich auch das Licht aufdreht. Es ist heute wohl ein besonderer Tag.«

Noch ist die Saison nicht eröffnet. Touristen werden Schloss Riegersburg erst in wenigen Tagen besichtigen können. Seine prächtig möblierten Räume, durch die uns die resolute Gräfin führt, liegen im Dunkeln. Betreten wir einen, drehen wir zuerst das Licht an, verlassen wir ihn wieder, achten wir darauf, es wieder zu löschen. Nicht so hier, im Turmzimmer. Es ist bereits erleuchtet, obwohl Gräfin Pilati versichert, am Vorabend, als sie zuletzt hier gewesen sei, auch die Lampe abgedreht zu haben. Das Doppelbett neben dem offenen Marmorkamin wirkt, als wäre soeben jemand aufgestanden.

»Das ist nicht sein originales Sterbebett. Die meisten Möbel sind ebenso wie die gesamte übrige Einrichtung zerstört worden oder verloren gegangen. 1945 haben die Russen auf Schloss Riegersburg eine Kommandantur errichtet und gehaust wie die Hunnen. Aber dieses Bett, sowie alles andere hier, kommt der ursprünglichen Einrichtung sehr nahe. Er scheint es auch anzunehmen, denn jedes Mal, wenn ich hier durchgehe, streiche ich die Laken glatt, am nächsten Tag sind sie aber immer wieder aufs Neue zerwühlt. Anfangs dachten wir, eine Katze würde es sich nachts hier bequem machen. Mehrere Male haben wir dann Mehl rund ums Bett gestreut. Wäre es tatsächlich eine Katze, so hätte sie Spuren

hinterlassen müssen. Das Bett war morgens stets benützt, aber im Mehl waren keine Spuren, weder menschliche noch tierische. Und bewohnt wird das Schloss schon lange nicht mehr.«
Das Bett wirkt etwas klein geraten. Das würde passen, denn Graf Johann Carl Khevenhüller-Metsch, genannt Carl, hatte zu seinen Lebzeiten mit 1,65 Meter nicht gerade ein Gardemaß. Dennoch galt er als Draufgänger mit erheblichem Temperament. Er war stolz auf seine Bärenkräfte und zählte im für ihn so schicksalhaften Jahr 1864 zu den besten Reitern und Fechtern der alten Armee.
»Betrachtet man seine abenteuerliche Biografie«, meint Gräfin Pilati, »so erklärt sich auch, warum er anscheinend keine Ruhe finden kann.«
Als ältester Sohn einer der nobelsten Familien des Kaiserreichs, mit großen Besitzungen in Niederösterreich und Böhmen, war er künftiger Erbe des Fürstentitels und bereits mit vierundzwanzig Jahren Rittmeister eines Husarenregiments. Die ihm bevorstehende militärische Karriere schien nahezu grenzenlos, seine Zukunft gesichert. Auch beschreiben ihn Zeitgenossen als »feschen jungen Mann« und »Liebling der Damen«.
Carl Graf Khevenhüller hatte aber ein großes Problem: seine Schulden. Als Rittmeister (Hauptmann der Kavallerie) bekam er einen monatlichen Sold von 62 Gulden, mit weiteren 100 unterstützte ihn seine Familie. Sein Schuldenberg aber war bereits auf 150000 Gulden angewachsen. Die ersten Gläubiger, ein Pferdehändler und ein k. k. Hofgardeschneider, ließen sich nicht länger hinhalten und reichten im Sommer 1864 die gerichtliche Klage ein. Kurzfristig war die fürstliche Familie nicht in der Lage, diese gigantische Summe aufzubringen, wollte den Skandal einer Gerichtsverhandlung aber unbedingt vermeiden. Doch alle Interventionen blieben vergeblich und die Familie wusste nicht mehr weiter.
Jetzt, schreibt Khevenhüller in seinem Tagebuch, 1983 von Brigitte Hamann herausgegeben, *kam meiner Mutter der Gedanke ›Mexiko!‹. Dort können mich die Kerle nicht erreichen ...*
Die Gelegenheit war günstig: Das nach jahrzehntelangem Bürgerkrieg völlig verarmte Land hatte 1861 unter seinem gewählten Präsidenten Benito Juárez die Schuldenzahlungen gegenüber

Schloss Riegersburg – hier spuken Geister von Adel, ihr Leben ist dokumentiert, aber nicht alles endet mit dem Tod

ausländischen Gläubigern eingestellt. Napoleon III., Kaiser der Franzosen, nutzte diese Situation für eine militärische Intervention. Zehntausende französische Soldaten fielen in Mexiko ein, zwangen Juárez mit seinen Anhängern in die Berge zu flüchten und beauftragten eine Junta mit der Bildung einer Monarchie.
Ein Kandidat für diesen Thron war bald gefunden: Erzherzog Ferdinand Maximilian, der jüngere Bruder des regierenden österreichischen Kaisers Franz Joseph. Maximilian, Anfang dreißig und voller Ambitionen, dachte politisch wesentlich liberaler als sein kaiserlicher Bruder. Für diesen war das Grund genug, ihn von aller politischen Macht auszuschließen.
Im Oktober 1863 nimmt Maximilian die mexikanische Krone an. Obwohl viele Skeptiker vor den Gefahren dieses Abenteuers warnen – Kaiser eines exotischen Reichs, so groß wie halb Europa, nur gestützt auf fremde Soldaten und eine relativ kleine Gruppe Grundbesitzer und Klerikaler –, lässt er sich bereitwillig täuschen.

Hat nicht soeben eine Volksabstimmung eindeutig den Willen der Mexikaner für diese neue Monarchie bestätigt? Die französischen Drohungen hinter dieser Entscheidung will er nicht sehen.
Vor seiner Abreise muss er auf alle Rechte als Habsburger verzichten. Kaiser Franz Joseph gestattet ihm aber, Männer für ein Freikorps anzuwerben. Fast siebentausend Freiwillige aus allen Ländern der Donaumonarchie begleiten Maximilian schließlich nach Mexiko. Viele unter ihnen sind Arbeitslose, die sich neue Chancen erhoffen, anderen ist der österreichische Boden zu heiß geworden. Manche treibt die Lust am Abenteuer und einige entschließen sich sogar aus Liebeskummer, alle Brücken hinter sich abzubrechen.
Das erste Schiff verlässt Mitte November 1864 Europa. An Bord ist auch der junge Khevenhüller. Seine Gläubiger hat er hinter sich gelassen und vor sich meint er eine glorreiche Zukunft zu sehen: ... *der Entschluß stand in mir fest, mir einen geschichtlichen Namen zu gründen, denn von jeher konnte ich den Gedanken, spurlos in der Welt zu verschwinden, nicht ertragen ...*
In Mexiko werden die Träume der Freiwilligen bitter enttäuscht. Die Republikaner führen einen grausamen Guerillakrieg. Keine großen Schlachten gilt es zu schlagen, sondern einen meist unsichtbaren Feind, der blitzartige Überfälle macht und ebenso schnell wieder verschwindet. Allein die Österreicher sollen ein Gebiet, größer als das heutige Ungarn, kontrollieren. Hinzu kommen Tropenkrankheiten, unvorstellbare Hitze und das Misstrauen der Einheimischen.
Bald nach Khevenhüllers Ankunft in der Hauptstadt Mexiko besucht er einen kaiserlichen Hofball:
... ich lehnte an einem der großen Pfeiler, die den Hauptsaal vom ... Empfangs-Salon trennten ... Da schwebte am Arme eines jungen Mexikaners eine lichte Gestalt vorüber, und ein Blick traf mich, ... der mir wie ein greller Blitzstrahl bis tief ins Innere drang. ... Nie sah ich etwas Ähnliches! Eine hohe, schlanke Gestalt mit einem Engelsgesicht. Ihr wundervolles rotblondes Haar reichte ihr bis tief unter den Gürtel und lag in einem Netze, das mit Diamanten besetzt war. Große schwarze Augen ruhten, ... nur eine Sekunde, in den meinen, und doch glaubte ... ich mich ... bis über die Sterne erhoben ...

Wankend schritt ich zu Erazu und fragte ihn mit tonloser Stimme: ›Wer ist diese Dame in Weiß mit Romero?‹
Die Antwort lautete: ›Leonore Adalid de la Torre, geborene Rivas. Sie ist kaum sechs Monate verheiratet und ihr Gatte ist imp ... Sie ist erst 16 Jahre alt.‹
Khevenhüller beginnt ein Verhältnis mit der schönen Mexikanerin. Wann immer sich ihm zwischen Streifzügen und Gefechten eine Gelegenheit bietet, versucht er sie zu sehen.
Im April 1865 endet der amerikanische Bürgerkrieg. Die USA unterstützen nun verstärkt Juárez und intervenieren in Europa gegen den fremden Kaiser. Weitere Unterstützung bleibt aus und Napoleon sucht das kostspielige Abenteuer in Übersee so bald wie möglich zu beenden. Khevenhüller ahnt die Konsequenzen:
Gehen die verruchten Franzosen aus dem Lande, bricht die Revolution an allen Ecken und Enden los. Die Minister, die den Kaiser umgeben, sind Verräter oder alte Waschlappen. Die Franzosen werden so lange im Lande bleiben, bis sie es aufgezehrt haben. Das wird nächstens vollendet sein ... Wir sind von diesen Spitzbuben verraten.
Eine Stadt nach der anderen fällt nun in die Hände der Republikaner. Das Kaiserreich ist bankrott und Maximilian überlegt abzudanken. Seine Anhänger und einige Offiziere, darunter Khevenhüller, beschwören ihn aber, *um Himmels willen ... doch einen letzten Versuch zu machen und ... nicht wie ein Bettler das Land zu verlassen.* Khevenhüller hat einen besonderen Grund, in Mexiko zu bleiben: seine mittlerweile schwangere Leonore.
Im Dezember 1866 kehren die meisten überlebenden Österreicher mit den Franzosen nach Europa zurück. Nur achthundert treten in die neue mexikanische Nationalarmee über, aus ihnen formiert Carl Graf Khevenhüller, mittlerweile Oberst, ein Reiterregiment. *Die Husaren sind rot ... Ich hatte kein anderes Tuch, da das blaue, grüne und graue ... von der abziehenden Intendanz unterschlagen wurde. Ich muß deshalb meine Leute wie die Scharfrichter zu Rosse steigen lassen.* Mit diesem Regiment erringt er den Ruhm, den er gesucht hat. *Los colorados,* wie man seine Roten Husaren nennt, werden in den letzten Monaten des Kaiserreichs Maximilians Elitetruppe, ... *derart gefürchtet, daß mancher feindliche General*

(später) ... *versicherte, daß wenn ihre Leute uns von Weitem nur sahen, wären sie nicht mehr zu halten gewesen ...*

Maximilian zieht sich in die befestigte Stadt Queretaro zurück. Nach kurzer Zeit ist er dort eingeschlossen. Neun Wochen später fällt Queretaro durch Verrat.

Die in der Hauptstadt verbliebenen Truppen, darunter Khevenhüllers Husaren, werden bald ebenso belagert. Trotz ausbrechender Hungersnot kämpfen sie weiter. Als er schließlich von der Gefangennahme seines Kaisers erfährt, verhandelt Khevenhüller die Übergabe. Die Ausländer erhalten freies Geleit. Zu dieser Zeit ist Maximilian bereits tot, hingerichtet von einem Erschießungskommando.

Jetzt muß ich zur Beschreibung der furchtbarsten Nacht meines Lebens schreiten, ... Augenblicke, in denen man zwischen wahnsinniger Liebe und seiner Ehre zu wählen hat ... im rasendsten Zustande der Seelenschmerzen steht und mit dem Bewußtsein, daß ... die Trennung eine fürs Leben wird.

Kaum Abend geworden, begannen einzelne Schüsse in den entfernteren Stadtteilen ... Ich stand an einem der Eckfenster des Palastes und sah gegen die Richtung, ... wo sie, Leonore ... wohnte, als plötzlich ein Feuerschein in dieser Gegend emporhellte. ... Furchtbare Gedanken durchkreuzten mein Gehirn. – Die Rivas waren als Kaiserliche verrufen! Es geschieht dort ein Unglück! ... Ich muß hin, war mein erster Gedanke. ... Bald darauf stand ich unter dem bekannten Fenster. ... Als ich hinaufblickte, sah ich Leonore am Balkon stehen. ... Entsetzt schlug sie die Hände zusammen und beschwor mich, nach dem Palast zu eilen. Denn fortwährend strichen die Liberalen jetzt in den Gassen herum, und wenn sie einen Husaren fänden, der wäre verloren. Ich erwiderte, daß ... ich ja Abschied nehmen wolle ... Kaum hatte ich ausgesprochen, als ich ... Gestalten herannahen sah ... Ich sprang um die Ecke und warf mich in eine Seitengasse, um der wilden Meute zu entgehen ... Wieder stieß ich mit einer Bande dieser wüsten Gesellen zusammen, die eben ... einige arme Kaiserliche niedergeschossen hatten, und die wilde Jagd nach mir begann von Neuem. Kugeln pfiffen mir um die Ohren ...

Wie unbewußt geriet ich wieder in die Calle San Jose. Da hörte ich

einen jähen Aufschrei! ›Carlos! aquí!‹ Und eine Strickleiter – eine mir wohl bekannte – fiel mir zu Füßen. Es war höchste Zeit – schon drangen die Räuber von allen Seiten heran.
Als ich vom Balkon ins Zimmer trat, ... fand ich sie ... im Nachtkleide ... Sie brachte nur heraus: ›Was machen wir jetzt! Ich kann Dich nicht verstecken – mein Mann, meine Brüder ... und Du in meinem Schlafzimmer!‹ Ich wollte wieder hinaus. Sie ... klammerte sich an mich, mich nicht ins Verderben zu stürzen. ... aber ich konnte nicht länger verweilen! ... Es war furchtbar. Die Arme lag händeringend am Boden. Da krachte es wieder ... und die Flammen der brennenden Vorstädte erleuchteten das einst mir so liebe Gemach! ... Mit einem Schrei fiel Leonore nieder, und ich sprang wie ein Wahnsinniger hinaus, warf die Strickleiter weg, und mit einem Satze stand ich unten.
Doch kaum wenige Schritte weiter stürzten sich Kerle auf mich und wollten mir den Weg mit ihren Bajonetten versperren. Wie ein reißendes Tier sprang ich, das Dolchmesser in der Faust, gegen die mich Hauenden. Den ersten stach ich nieder, und den nächsten warf mein Gewicht zu Boden. Fort stürmte ich bis zur Kathedrale ... Endlich erreichte ich den rettenden Eingang. Leonore sah ich niemals mehr wieder. Das Bild des Sohnes besitze ich ...
Im September 1867 kehrt Khevenhüller nach Österreich zurück. Seine Gläubiger haben einem Vergleich zugestimmt. Für ihre Bezahlung sorgt ein Kredit mit fünfzigjähriger Laufzeit, über den Carl noch als alter Mann schimpft. Als ältester Sohn erbt er später den Fürstentitel von seinem Vater, wird Abgeordneter im Herrenhaus und heiratet Gräfin Eduardine von Clam-Gallas. Die Ehe bleibt kinderlos.
»Obwohl er danach noch zwei Mal in Mexiko war, wurde ihm nicht gestattet, seinen einzigen Sohn zu sehen.« Francesca Filo della Torre Gräfin Pilati von Thassul zu Daxberg, heute Besitzerin von Schloss Riegersburg, wirkt traurig. In ihrem leichten italienischen Akzent fährt sie fort: »Seine Frau konnte offenbar keine Kinder bekommen. Das Fehlen eines direkten Erben dürfte ihn die letzten Jahrzehnte seines Lebens ständig gequält haben. Die achtzehn Hunde, mit denen er sich umgab, sollten ihn vielleicht über den ausbleibenden Nachwuchs hinwegtrösten. Schlussendlich adoptierte er dann

seinen Neffen, den Großvater meines Mannes, um diesen Zweig der Familie zu erhalten. Allzu viel half das aber nicht, denn der hatte später zwei Söhne und beide starben noch im Kindesalter. Von den vier Töchtern ist heute eine noch am Leben.

Einmal, glaube ich, ist mir selbst der Fürst erschienen. Ich war damals schwanger mit meinem heute fünfzehn Jahre alten Sohn. Es war hier in diesem Trakt. Mitten in der Nacht, so gegen drei, vier Uhr früh, bin ich plötzlich aufgewacht. Es herrschte diffuses Licht, weil wir keine Fensterläden hatten, und da stand ein Mann neben dem Bett. Er starrte mir direkt auf meinen Bauch. Sein Gesicht konnte ich nicht erkennen. Vielleicht war es dafür zu dunkel, vielleicht hatte er auch gar keines. Irgendwie schien es mir aber, als wäre er erfreut. Ich bekam jedoch fürchterliche Angst, zog mir die Decke über den Kopf und muss dann wohl wieder eingeschlafen sein. Meinen Mann hab ich jedenfalls nicht geweckt, weil ich instinktiv wusste: Das kann nur ein Geist sein, der da vor mir steht. Zuerst dachte ich, mein verstorbener Schwiegervater sei mir erschienen. Die Gestalt aber war dünn und relativ klein, mein Schwiegervater hingegen seinerzeit über einen Meter achtzig groß, und er hatte auch keine Sorgen mit seinem Nachwuchs. Diese Erscheinung würde also durchaus zu Fürst Carl Khevenhüller passen. Zu dieser Zeit wusste ich noch nicht, dass ich einen Sohn zur Welt bringen würde. Auch hatte ich keine Ahnung, dass es hier spukt. Später erzählte mir dann eine Tante meines Mannes von einem ähnlichen Erlebnis. Damals war ich aber erst zwei Jahre hier, diese Geschichten erfuhr ich alle erst später.«

Leopoldine Huck, die erwähnte Tante, ist die einzige noch lebende Tochter des letzten Fürsten Khevenhüller-Metsch. In einem Brief schildert uns die mittlerweile zweiundneunzigjährige Dame ihr Erlebnis:

... Da ich zwar an Geister nicht geglaubt habe, mußte ich selbst vor vielen Jahren eines besseren belehrt werden:

Es ist schon einige Jahrzehnte her, im Spätsommer 1944, als ich einmal nach längerer Zeit, kurze Zeit verheiratet, mit meinem kleinen, sechs Monate alten Sohn wieder nach Hause auf die Riegersburg kam, um meine Eltern zu besuchen. Da viel Besuch war, wurden wir in einem Gastzimmer untergebracht, das, wie ich

später erfuhr, das Schlafzimmer meines 1905 verstorbenen Onkels Karl Khevenhüller ... gewesen war.
In der Nacht dieses heißen Spätsommertages, das Fenster war offen und wir hatten schon geschlafen, fing das Baby an zu weinen und ich zündete eine Kerze an. Das Schreien wurde immer lauter und panischer und plötzlich stand eine dunkle Männergestalt neben unserem Bett und beugte sich über uns. Ich riß das Baby an mich und lief zum Fenster, die Gestalt folgte uns zunächst und war dann verschwunden. Irgendwann im Morgengrauen fanden wir dann doch wieder etwas Schlaf.
In der Früh war in der Kapelle eine Heilige Messe und ich setzte mich in die Bank, wo ich früher immer gesessen war. Es lag da sogar noch mein altes Gebetbuch. Ich schlug es auf und in der aufgeschlagenen Seite war das Sterbebild des Onkels Karl, der gerade an diesem Tag seinen Todestag hatte.
Meiner Mutter erzählte ich das dann, aber sie sagte nur: ›Blödsinn, es gibt keine Geister!‹ ...
»Leopoldine Huck«, so Gräfin Pilati, »war die erste von vier Schwestern, die einen Sohn geboren hat.«
Schloss Riegersburg gehört mit dem gleichnamigen Ort zur Stadtgemeinde Hardegg, der kleinsten Stadt Österreichs. Bis zum Fall des Eisernen Vorhangs war hier, im äußersten Nordwesten des Weinviertels, eine »tote Grenze«. Heute ziehen der grenzübergreifende Nationalpark Thayatal/Podyji und der Beitritt Tschechiens zur EU verstärkt Besucher an. Für die Adelsgeschlechter, die das Schloss im Lauf seiner Geschichte bewohnten, war es zentral gelegen, besaßen sie ja ausgedehnte Gebiete in Nieder- und Oberösterreich, in Kärnten und Böhmen. Im Lauf seiner Geschichte wurde Schloss Riegersburg mehrmals komplett saniert und umgebaut. »Mit gutem Grund«, erklärt Gräfin Pilati, »soll es doch einen alten Fluch geben: Wer Schloss Riegersburg verfallen lässt, wird in der Hölle schmoren!«
Die heutige Barockgestalt geht auf Pläne von Franz Anton Pilgram, Schüler Lukas von Hildebrandts, zurück, entworfen für die Grafen Khevenhüller, die Riegersburg 1730 erworben haben. Architektonisch erinnert es an ein berühmtes zeitgenössisches Vorbild: Das Wiener Belvedere des Prinzen Eugen.

Die Khevenhüller lassen sich bis ins 12. Jahrhundert zurückverfolgen. Seit 1751 heißt die Linie, welche Schloss Riegersburg besaß, Khevenhüller-Metsch. 1764 wurden sie in den Reichsfürstenstand erhoben, den höchsten für eine Adelsfamilie erreichbaren Rang in der fein abgestuften aristokratischen Hierarchie der Habsburgermonarchie. Unter den Trägern dieses Namens finden sich Feldherren, Diplomaten, kaiserliche Statthalter und hohe Würdenträger bei Hofe.

Der Elefantenkopf über der Eingangstreppe lässt die Verbindungen des altösterreichischen Hochadels noch erahnen. Er ist eine Jagdtrophäe des letzten Fürsten, Anton Sigismund, des adoptierten Neffen von Carl. Zu Beginn des 20. Jahrhunderts hat er das Tier als Gast eines indischen Maharadschas erlegt. Seine Frau, eine geborene Gräfin Mensdorff-Pouilly, hatte Victoria, die englische Königin und Kaiserin von Indien, als Taufpatin.

1945 beschlagnahmte die Rote Armee Schloss Riegersburg. Fast das gesamte Mobiliar wurde zerstört oder ging verloren. Die wertvollen Tapisserien an den Wänden wurden mit cyrillischen Aufschriften bemalt, überall im Schlosspark waren Latrinen ausgehoben, die Fassade musste für Schießübungen herhalten und Treppenhaus samt Ballsaal dienten einer Heeres-Fahrschule – als Teststrecke für die Geländetauglichkeit ihrer Jeeps.

Seit 1967 ist das Schloss wieder möbliert. Die Einrichtung wurde großteils vom Museum für angewandte Kunst zur Verfügung gestellt und originalgetreu renoviert. Besuchern präsentiert sich Riegersburg wieder stilgerecht als typischer adeliger Landsitz des 18. Jahrhunderts.

»Ja die Möbel, sie sind eben nicht die Originaleinrichtung«, seufzt Gräfin Pilati. »Im Schloss wohnt heute niemand mehr. Wir selbst leben in den ehemaligen Stallungen nebenan. Das ist nicht zuletzt eine Frage der Heizkosten. Früher aber bin ich oft abends noch im Kaffeesalon im Erdgeschoß gesessen und habe die Abrechnungen gemacht. Eines Abends hatte ich meinen Hund dabei und plötzlich, es muss so gegen Mitternacht gewesen sein, begann ober mir ein Krach. Viele Stimmen, Schritte und es schien, als würden die Möbel bewegt. Ich blickte zu meinem Hund. Der lag am Boden und hatte die Ohren gespitzt. Er wirkte, als würde er überlegen,

ob es jemand wäre, der zum Haus gehört. Außer mir war sicher niemand mehr im Schloss. Wäre ein Fremder hier eingedrungen, hätte der Hund sofort zu bellen begonnen. Der Lärm steigerte sich noch, es wurde immer lauter, als ob alle Möbel oben durch die Räume gerückt würden. Mir war das dann wirklich zu unheimlich, ich hab den Hund gepackt und bin schlafen gegangen.
Am nächsten Morgen erzählte ich einer Dame davon, die mir bei den Führungen half. Sie meinte, es sei ganz leicht zu erklären, es spuke hier eben. In ihrer Begleitung kontrollierte ich dann die oberen Stockwerke. Da war aber nichts weiter zu sehen, bloß einige Polstersessel zeigten Einbuchtungen, als ob jemand darin gesessen wäre; und natürlich das ›verwurschtelte‹ Bett, wie üblich. Dann sagte sie mir, oft passierten solche Sachen am Todestag der betreffenden Person. Ich fragte: ›Was war gestern schnell für ein Tag?‹ Sie gab mir zur Antwort: ›Der 11. September.‹ Das Todesdatum des Fürsten! Vielfach sei es auch so, dass Verstorbene damit etwas sagen wollten, etwa sie brauchten Gebete. Ich ließ dann eine Messe lesen, allgemein, für alle Toten des Schlosses. Dann war wieder Ruhe für eine Weile. Jetzt gehe ich nachts nicht mehr hinüber. Früher hatte ich ja keine andere Möglichkeit, weil die Apparate, die ich für die Abrechnung brauchte, noch nicht so mobil waren wie heute. Das Möbelrücken habe ich noch oft vernommen, aber nie war etwas verstellt am nächsten Tag.
Einmal ging ich mit einem mir bekannten Kunsthistoriker durchs Schloss und zeigte ihm meine neuen Anschaffungen. Immer wieder lasse ich einzelne Stücke restaurieren oder kaufe welche hinzu. Dieser Herr ist sehr daran interessiert. Wir standen gerade im Sterbezimmer des Fürsten, auf einmal hörte ich deutlich eine Stimme. Dort aus der Ecke neben dem Kamin schien sie zu kommen: ›Weg, hinaus! Den will ich hier nicht mehr sehen!‹ Das war ein ganz eigenartiger Flüsterton, wie eine Hexenstimme aus einem Schauerfilm. Ich fragte den Herrn sofort, ob er auch jemanden habe sprechen hören. Der sah mich jedoch nur komisch an und meinte, sprechen habe er niemanden gehört, aber ein starkes Knistern aus jener Ecke vernommen.«
Vor dem Barockschloss stand an diesem Ort bereits eine Burg. 1427 ist sie erstmals urkundlich erwähnt. Lange vor den

Khevenhüller scheinen die Grafen Hardegg als Besitzer auf. 1568 ließen sie an Stelle der verfallenden Festung ein auf Piloten ruhendes Wasserschloss errichten, sowohl repräsentatives Verwaltungszentrum der gleichnamigen Grafschaft als auch Herrschaftssitz.

»Auch aus dieser Zeit gibt es offenbar noch Gespenster. Das lassen Sie aber besser meinen Sohn erzählen.« Der fünfzehnjährige Oktavian Pilati, gerade zurück aus England, wo er ein Internat besucht, lässt sich nicht lange bitten:

»Nun, ich war damals fünf Jahre alt. Mein Zimmer lag im ersten Stock der ehemaligen Stallungen nebenan, die wir zu Wohnzwecken umgebaut haben. Von meinem Fenster aus konnte ich den gesamten Hof vor dem Schloss überblicken. Es war vielleicht drei, vier Uhr früh, als ich erwachte und nicht mehr einschlafen konnte. Ich stand also auf und blickte aus dem Fenster. Die Dämmerung hatte noch nicht eingesetzt, es war aber schon nicht mehr stockdunkel. Über dem Vorplatz lag leichter Nebel und plötzlich sah ich einen Mann, der zielstrebig über den Schotterweg hin zum Schlosstor ging. Für mich war das damals ein Ritter. Heute würde ich seine Kleidung als typisch für das 16. Jahrhundert bezeichnen. Er trug einen Brustpanzer, darüber einen langen, dunklen Mantel und ein Schwert an seinem Gürtel. Ich erinnere mich, etwas Rotes erkannt zu haben. Vielleicht war das aber auch nur Blut, denn das Auffälligste an dieser Erscheinung war, dass dem Mann der Kopf fehlte. Kaum hatte er das Tor erreicht, warf er seine Arme in die Höhe und beide Flügel gingen gleichzeitig nach innen auf. Die Erscheinung verschwand im Schlosshof und das Tor schloss sich wieder hinter ihm. Das alles war deutlich zu sehen und definitiv kein Traum.

Wie ich reagiert habe? Ich hatte wohl nicht wirklich Angst, dafür war dieses Gespenst zu weit entfernt, fühlte mich aber ziemlich verstört, ja aufgeregt, wusste schon, dass das kein normaler Mensch sein konnte. Ich bin dann sofort zu meinen Eltern gerannt und hab ihnen davon erzählt.«

»Als ich das gehört habe«, nimmt Gräfin Pilati den Faden auf, »dachte ich sogleich: Diese Geschichte kenne ich doch! Zur Taufe meines Sohnes nämlich, also vor mittlerweile fünfzehn Jahren, war auch mein kleiner Neffe zu Besuch. Er war zu dieser Zeit sieben Jahre alt und schlief damals im selben Zimmer wie später Oktavian. Und eines Morgens erzählte er haargenau dieselbe Geschichte. Er habe einen Ritter gesehen, ohne Kopf, der auf das Haupttor zugeht, die Arme hochschwingt, das Tor öffnet sich vor ihm, er geht hinein, das Tor schließt sich hinter ihm. Als mir mein Sohn fünf Jahre später dasselbe erzählte, fragte ich ihn zuerst: ›Bist du dir wirklich sicher?‹ und er antwortete: ›Ja, so wahr ich Oktavian heiße.‹

Das Seltsame daran ist, Oktavian konnte diese Geschichte unmöglich kennen. Beim ersten Mal haben wir das Ganze nämlich als Ausgeburt kindlicher Fantasie abgetan und später nie mehr darüber gesprochen. Auch ist Oktavian seinem Cousin bisher nur zwei Mal begegnet – einmal bei seiner eigenen Taufe, da war er acht Wochen alt, das nächste Mal vor etwa sechs Jahren im Zuge eines Familientreffens in der Schweiz. Oktavian sprach damals weder Englisch noch Italienisch und sein Cousin, mein Neffe, beherrscht ausschließlich diese beiden Sprachen. Ich erwähne das nur um zu unterstreichen, dass sich die beiden unmöglich miteinander abgesprochen haben können. Und doch hatten sie dasselbe Erlebnis als Kinder.

Später habe ich im Schloss einen kleinen Kupferstich gefunden. Auf dem stand: ›Ferdinand Graf zu Hardegg – Am Hof geköpft 1595‹. Ich habe dann nachgeforscht, damals waren die Grafen Hardegg Besitzer von Riegersburg und Kaiser Rudolf II. ließ diesen Ferdinand hinrichten, weil er im Kampf gegen die Türken angeblich eine Festung viel zu früh übergeben hat.«

Raab, heute das ungarische Győr, war zu dieser Zeit, im so genannten »Langen Türkenkrieg« von 1593 bis 1606, die bedeutendste Bastion vor Wien. Ferdinand Graf Hardegg, der Kommandant, hatte kaum noch kampffähige Soldaten, Verstärkung war nicht zu erwarten und die Türken unter der Führung des Großwesirs standen kurz vor dem letzten Sturmangriff. In dieser ausweglosen Situation entschloss sich der Graf zu Verhandlungen. Stadt und Festung Raab wurden übergeben, im Gegenzug ihm und seinen Männern freier Abzug garantiert.

Hardegg wurde danach zum Sündenbock. Nicht zuletzt, weil man bemüht war, den Oberbefehlshaber in Ungarn, Erzherzog Matthias, den militärisch gänzlich unfähigen Bruder des Kaisers, um jeden Preis zu decken. Der Prozess gegen den Grafen war ein abgekartetes Spiel und am 16. Juni 1595 wurde der »keyserliche Feldobrist« enthauptet.
Im *Wiener Kurier* vom 3. Juni 1951 findet sich ein historischer Abriss über den Platz »Am Hof«, unter anderem in seiner Funktion als Richtstätte:

... eine ganz groß aufgezogene Staatsaktion fand 1595 Am Hof mit der Hinrichtung des Grafen Ferdinand von Hardegg statt. Der hatte die Festung Raab ›ohne höchste Not‹ den Türken übergeben und der erbitterte Kaiser Rudolf II. wollte ein Exempel statuieren, selbst wenn es ein Graf war. Woraus man ersieht, wie groß die Angst vor den Türken gewesen sein muß. Immerhin kam der hochgeborene Graf als erster an die Reihe, zweiter war eine ›bürgerliche Canaille‹, der Festungsbaumeister von Raab, Nikolaus Berlin.
Von seinem Bruder Ulrich bis auf den Richtplatz begleitet, bestieg der Graf die mit schwarzem Tuch bedeckte ›Bühne‹ ... ganz in den Formen einer Shakespeareschen Szene ... Zeremoniös nimmt der Graf von seinem Gefolge Abschied, tritt vor und beteuert in kurzer Ansprache seine Unschuld. Er bittet die aufmerksam lauschende Zuhörerschaft um ein Vaterunser. Wie tragisch muß das Gebet über den weiten, menschenerfüllten Platz geklungen sein!
Die kaiserlichen Fußknechte mit angeschlagener Arkebuse (Hakenbüchse, Gewehr aus dem 16./17. Jahrhundert) *auf der Gabel, die brennende Lunte um den Arm gewickelt, werden es ebenso gebetet haben wie die Krebsenbauern und der Freimann* (Henker), *worauf erlauchter Graf selbst Hals und rechten Arm entblößt und niederkniet auf dem vorbereiteten Samtkissen, noch einmal das Kreuz küßt, das der hochwürdige Herr ihm vorhält.*
Nun legte er die rechte Hand auf den Block, der Scharfrichter tritt mit zwei Henkersknechten vor, macht seinen Diener und ein Knecht legt ein scharfes Eisen auf das schmale, weiße Aristokratengelenk. Schon schlägt der zweite mit einem Hammer auf das Eisen,

die zarte Hand mit den vielen Ringen fällt herab und wie einen flammenden Blitz hat der Freimann im gleichen Augenblick das goldfunkelnde Richtschwert geschwungen, das die erlauchte Hardeggsche Familie für diesen Zweck hat schmieden lassen. Herunter fällt der Kopf, Blut spritzt nach allen Seiten und aufschreit das Volk vor Bewunderung über des Freimanns Kunst. Die schwarz-gelben Trommeln der Fußknechte pumpern einen Totenwirbel.
Jammernd und heulend sind die Hardeggschen Diener in schwarzer Livree auf die Bühne gestiegen, der zweite Teil des Schauspiels beginnt. Hoch emporgehoben tragen sie einen herrlichen Sarg, in den sie den entseelten Leib, das bleiche Haupt, die blasse, blutbespritzte Hand legen. Ein Leichenwagen, von sechs Pferden gezogen, ist vorgefahren, Windlichter werden angezündet; obwohl es heller Tag ist, die Wappenschilder sind umflort und langsam ordnet sich die ganze Hardeggsche »Freundschaft« zum Trauerzug. Erst als der Zug den Heidenschuß hinunter verschwunden ist, geht das Trauerspiel ... weiter. Der Baumeister wird heraufgeführt. Zweimal schlägt der Scharfrichter zu tief, der Kopf ist nicht abgelöst, das Blut rinnt in Strömen. Das Volk, jäh enttäuscht, läßt auf den Freimann Steine regnen. Die Pikeniere fällen ihre sechs Meter langen Lanzen nach allen Seiten. Eilig wird der verstörte Henker mit seinen Knechten fortgebracht ...

Die Hinrichtung galt sogar noch als Zeichen kaiserlicher Milde. Ursprünglich war Graf Hardegg zum Tod durch den Strang verurteilt, danach aber zur Enthauptung »begnadigt« worden. Seine rechte Hand musste fallen, denn mit ihr hatte er die Kapitulation der Festung Raab unterzeichnet.
Zäh, aber letztendlich erfolglos, kämpfte seine Witwe danach noch lange gegen die im Urteil verfügte Beschlagnahme aller seiner Güter. Für die Gräfin und ihre Kinder bedeutete das Urteil einen Absturz ins Elend. Zusammen mit seinem Bruder Siegmund hatte Ferdinand zwar die Grafschaft Hardegg und somit Schloss Riegersburg geerbt, Siegmund zahlte seinen jüngeren Bruder aber bald darauf zu schlechten Bedingungen aus. Das war der Grund für jahrelangen Streit und ein äußerst schlechtes Verhältnis zwischen den beiden Hardeggs. Könnte es also sein, dass die Erschei-

nung des Kopflosen einen zornigen Graf Ferdinand zeigt, der wütend das Schloss seines Bruders betritt, um das Erbteil seiner Not leidenden Hinterbliebenen einzufordern?

Gräfin Pilati schließt das massive, eisenbeschlagene Haupttor. In wenigen Tagen wird die Saison beginnen. Dann heißt es, täglich mehrere Führungen bewältigen und Ausstellungen und Empfänge organisieren. Nachts aber, wenn die letzten Besucher verschwunden sind, gehört das Barockschloss allein den Gespenstern längst vergangener Zeiten.

DIE WILDE JAGD

Schloss Trautenburg, »Rebenland«, Weststeiermark

»... über das sagenumwobene Trautenburg, in dem es bekanntlich seit jeher spukt, gibt es mehrere Geschichten von Geistererscheinungen. Ich bitte Sie, mir Nachricht zu geben, bis wann Sie diese benötigen, weil ich sie in meinem Archiv erst erheben muss. Mit freundlichen Grüßen ...«

Im wappenbewehrten Briefkopf steht »Dr. h.c. Herbert Rauch-Höphffner Edler von Brendt«. Außerdem bereits bekannt: Der Mann wurde 1918 geboren, war über drei Jahrzehnte hindurch Bürgermeister der ehemaligen kaiserlichen Residenz Laxenburg in Niederösterreich und er besitzt ein Schloss im Süden der Steiermark, wo es manchmal nicht ganz geheuer sein soll.

Eine Audienz ist rasch vereinbart. In Laxenburg. Im *Rauch*-Hof, Wiener Straße, »kaum zu übersehen«.

Nicht zu übersehen ist auch jene Straße, die vom verschlafenen Laxenburger Bahnhof ans Ziel führt. Sie heißt »Herbert-Rauch (-Höphffner)-Gasse«. Ein Zufall? Nein.

Mit all diesen Informationen versorgt bleibt eine entscheidende Frage offen: Wie redet man eine solche Persönlichkeit überhaupt an? Herr Doktor? Herr Bürgermeister? Edler von Brendt? »Baron« ist schließlich korrekt. »Herr Baron« wäre genauso wenig passend wie etwa »Herr Graf«. Ist jemand von Adel, so umfasst dies den »Herrn« ohnehin, nicht zu verwechseln mit Trägern des bürgerlichen Familienamens »Graf«.

Herbert I. Baron Rauch-Höphffner von Brendt schließlich leibhaftig gegenüber zu sitzen ist ein Erlebnis – etwas älter als die Republik Österreich, geistig völlig rege, »nur die Beine, die lassen manchmal schon etwas nach«. Sollte unsereinem je diese Gnade eines solchen Alters zuteil werden, so möge die Klage nicht anders lauten!

»Als ich 1973 zum ersten Mal nach Trautenburg kam«, erinnert sich der Baron, »war es Liebe auf den ersten Blick, wie soll ich sagen, ich hatte schlichtweg das Gefühl, nach langer Abwesenheit nun endlich nach Hause zu kommen. Das Schloss stand damals im Besitz der Gräfin Ostrowski, einer schon sehr betagten Dame. Über zehn Jahre hindurch hat sie nach dem Tod ihres Mannes als Witwe die Geschicke des Gebäudes und des Gutshofs selbst gelenkt. Natürlich bin ich ihr dann sofort zur Seite gestanden und unterstützte sie, wo immer ich konnte. 1974 habe ich das Schloss schließlich gekauft, und sie war sehr froh, es in guten Händen zu wissen. Wie gesagt, diese Zuneigung war wohl wechselseitig, denn nach meinem Antrittsbesuch bei der Gräfin ging ich hinunter in den Schlosshof, wo mein Auto stand. Gerade war ich im Begriff, einzusteigen, da umfingen mich weit ausrankende Rosentriebe. So eng, dass ich Mühe hatte, mich wieder zu befreien. Danach wollte ich wegfahren, aber im Burgtor befindet sich am Boden eine Steinschwelle. Eigentlich ist sie nicht besonders hoch, aber plötzlich drehten die Räder durch. Meine Limousine saß auf und ich musste sie mühsam über die Schwelle bringen. Es war, als wollte mich das Schloss nicht mehr fortlassen, als hätte Trautenburg gesagt: ›Bleib da!‹«

Baron Brendt hat dafür nur eine Erklärung: »Meine Ahnen haben mich hingeführt. Anders kann's nicht sein. Sobald sich jemand eingehendst mit seiner Familiengeschichte befasst, davon bin ich überzeugt, rüttelt das die Ahnen wach. Ohnehin sind die Wurzeln unserer Vorfahren im steirischen Boden sehr tief. Unser Stammbaum reicht ja lückenlos zurück bis zu den Eppensteinern und den Otakaren, den ersten Markgrafen der Steiermark, ihren eigentlichen Gründern.

Vor uns lebte die Gräfin, eine damals vierundsiebzigjährige Dame, völlig alleine auf Trautenburg. Ich frug sie einmal, ob sie sich denn nicht fürchte, und sie antwortete mir: ›Nein, wieso? Alle wissen, dass es hier spukt, hierher kommt niemand ungebeten.‹

Sie hatte so einen kleinen Hund damals, einen Rauhaardackel. Wenn es gegeistert hat, begleitete der Hund jemanden, der für

Nachts umweht ein seltsamer Wind Schloss Trautenburg

menschliche Augen unsichtbar blieb, durch die Gemächer. Die Türen haben sich geöffnet und danach wieder geschlossen, der Dackel ging nebenher, hat auch bisweilen hochgeschaut zu seinem unsichtbaren Begleiter. Ist der Geist verschwunden, kam der Hund wieder zur Gräfin zurück.

Dann gibt es im Schloss den berühmten *Teufelstritt*. Unter einem Fenster sind die Spuren der Hufe und Krallen eines Dämons, eines Teufels, im Parkettboden eingebrannt. Von dieser Stelle aus, so heißt es überliefert, sei er entwichen, in Richtung eines nahe gelegenen Berges, wo früher Hexenverbrennungen stattgefunden haben.

Auch besitze ich ein altes Bild, eine allegorische Darstellung der *Wilden Jagd*. Es zeigt viele unheimliche Köpfe, die um Trautenburg herumschwirren. Das rührt nicht von ungefähr, in so mancher Nacht habe ich sie selbst schon erlebt. Wenn einmal dieser

Wind aufkommt, dieser Wind, der nur ums Schloss zu wehen scheint, dann weiß man, es geht wieder los. Ein Heulen und Jammern ist dann zu vernehmen. Das artet zu richtigen Tumulten aus. Heftiges Rütteln an den Fenstern und Türen, unerklärliche Schritte, rundum Stimmen und Schreie, wie unter großen Qualen. Einmal, am Beginn, wurde das so arg, dass ich zu später Stunde im benachbarten Schloss angerufen habe: ›Darf ich kommen?‹ Ich packte mein Bettzeug zusammen und nächtigte dort.« Baron Brendt muss lächeln: »Manchmal spielte ich bereits mit dem Gedanken, die Polizei zu rufen, dachte mir aber dann: ›Was sollen die hier schon ausrichten? Etwa Geister verhaften?‹

Damals meinte man: ›Jaja, das sind die Fensterläden, die quietschen eben, wenn der Wind durchzieht.‹ Daraufhin ließ ich sie aushängen – es hat nichts bewirkt, wieder herrschte die ganze Nacht lang Jammern und Geschrei, die *Wilde Jagd* umtoste auch weiterhin das Schloss.

Es liegt wohl schon länger als zwanzig Jahre zurück, da hatten wir Besuch aus Würzburg, eine Mutter mit ihrem Kind. Im Gästezimmer, so erzählten mir später beide, öffneten sich nachts die Wände, und schemenhafte Gestalten schwebten durch den Raum. Das wiederholte sich in mehreren Nächten. Die beiden wollten schon ausziehen, meinten aber schließlich: ›Bleiben wir halt noch. Es kommt eh bald der Vater.‹ Der kam dann auch, machte das *eine* Nacht lang mit und am nächsten Tag sind sie alle zusammen in einen nahe gelegenen Gasthof gezogen.

Oft sahen verschiedene unserer Gäste eine graue Frau im Arkadengang wandeln. Alle haben sie so beschrieben, wie sie auch mir erschienen ist. Mag man mich ruhig für verrückt erklären, aber es ist so gewesen, ich stehe dazu.

Es war im August 1985. Mein Schlafgemach lag damals an der Südseite, dort wo einst der zweite Turm des Schlosses gestanden war, ehe ihn eine amerikanische Bombe in den letzten Tagen des Zweiten Weltkriegs zerstörte. Ich lag bereits im Bett und habe noch gelesen, als ich auf einmal bemerkte, dass es unerklärlich kalt im Raum geworden war. Auch verspürte ich das beklemmende Gefühl, nicht länger alleine zu sein. Ich blickte mich um und dann, genau aus dem Teil, wo sich früher der Turm befunden hatte, trat

eine Frauengestalt hevor. Im allerersten Moment dachte ich, das wäre meine Frau – ›Aber nein‹, schoss es mir durch den Kopf, ›unmöglich! Sie ist doch gestern bereits nach Laxenburg gefahren.‹ Diese Gestalt war in ein langes, graues Kleid gehüllt, helles Haar umkränzte ihr Haupt und sie war noch jung an Jahren, wie mir schien. Ich stellte mich schlafend, getraute mich aber nicht die Augen ganz zu schließen. Sie kam näher und starrte mich an, ganz deutlich erkennbar, weil der Mond hell durch die offenen Vorhänge schien. Ich öffnete meine Augen nun ganz, erwiderte ihren Blick und habe sie wohl auch angesprochen. An die Worte erinnere ich mich nicht mehr. Sie stand eine Weile schweigend vor mir. Dann, ein Blick zum Abschied, und durch die geschlossene Tür schwebte sie völlig lautlos in den Gang hinaus. Die Tür hat sich nicht bewegt, die Gestalt aber war verschwunden!
Um wessen Geist es sich dabei handeln könnte? Das Schloss steht nun beinahe achthundert Jahre. Während dieser Zeit haben sich dort wohl viele schicksalhafte Ereignisse zugetragen. Aber kommen Sie mich in einigen Wochen auf Trautenburg besuchen. Zwischenzeitlich kann ich dahingehend mein Archiv konsultieren.«

Hat man die Autobahn bei Leibnitz einmal verlassen, schlängelt sich die *Südsteirische Weinstraße* gemächlich hügelauf und -ab. Gerne wird diese Gegend mit der Toskana verglichen, nur das dominante Grün der Wiesen, Waldstücke und Reben erscheint, noch nicht irisch zwar, aber doch intensiver, und die Landschaft herber. Auch verhindert der wolkenverhangene Himmel dieses Tages voreilige Vergleiche mit italienischer Lieblichkeit und allzu romantische Vorstellungen vom Leben hier. Nach Süden hin sind es nur wenige Kilometer bis Slowenien. Noch hat sich der Grenzlandcharakter erhalten, zu neu ist der Gedanke offener Nachbarschaft.
Auf einer Anhöhe, vorbei an den letzten Häusern der Marktgemeinde Leutschach, liegt ein Schloss mit kaisergelber Fassade. Zwei Pferde grasen davor; eine mächtige Blutbuche verstellt den freien Blick auf das Anwesen. Die mit Kastanienbäumen bestandene Allee führt direkt zum Tor beim trutzigen, grauen Rund-

turm. Letzte Zweifel, hier auch wirklich am Ziel zu sein, zerstreut die Inschrift eines Gedenksteins knapp davor:

Heiliger Herbert,
970–1021, Erzbischof von Köln,
segne uns und die Trautenburg.
Herbert und Edeltrud Rauch-Höphffner v. Brendt
zur Goldenen Hochzeit,
von Sohn Herbert und Enkel Herbert.
5. September 2003

»Willkommen auf Trautenburg«, empfängt der Baron seine Besucher im Innenhof. »Als ich das erste Mal hier stand, umringt von den vier Flügeln des Schlosses, dachte ich mir, die Halle dort drüben muss man öffnen, dort muss ein Bogen hin. Als wir die Wand dann durchbrachen, fanden wir einen gemauerten Bogen vor. Dasselbe geschah mit jenen Arkaden an der rechten Seite im Obergeschoß. Links waren bereits welche vorhanden, rechts nicht. Ich wollte dort ebenfalls solche Rundbogenfenster haben, und kaum war die Wand aufgebrochen, kamen darunter die ursprünglichen Arkadenbögen zum Vorschein. Man hatte sie wohl im 19. Jahrhundert zugemauert. So erging es mir mit allen Änderungswünschen. Als hätte ich einst hier gelebt, als wäre ich schon immer hier gewesen.
Das Schloss war bereits in bedenklichem Zustand, heute aber, so meine ich sagen zu können, ist es als Kulturdenkmal gerettet. Der Sohn, Herbert II., ist in meine Fußstapfen getreten, verspürt ebenfalls die Berufung und setzt seither die Renovierung fort.«
Nicht nur der Baron hat hier seine Wahlheimat gefunden, auch der vom Aussterben bedrohte Doppeladler seinen Horst. Im *Kaiserzimmer* reihen sich Kopf an Kopf die Porträts sämtlicher Habsburger Regenten, von Rudolf I. bis Ferdinand dem Gütigen. Den Raum aber dominiert eindeutig Franz Joseph, überlebensgroß in Öl gemalt. »Diese Sitzgruppe hier stand einst im Besitz Kaiser Karls.« Tierpräparate im *Billardzimmer* »stammen von Kronprinz Rudolf; und all diese Geweihe sind Jagdtrophäen des unglücklichen Thronfolgers Franz Ferdinand«.

Das Lüften des Teppichs im *Biedermeierzimmer* bringt leider eine Enttäuschung: Vom Teufelsabdruck auf dem Fußboden ist nichts zu sehen. »Bisweilen gerieten die Renovierungsarbeiten nicht ganz nach meinen Vorstellungen. Als mein Sohn das Abschleifen des Parketts veranlasst hat, war ich nicht zugegen. Früher sind noch die Schulkinder gekommen, im Zuge ihres Heimatkundeunterrichts, und haben den *Teufelstritt* bestaunt.«
Die sechs Meter hohen Wände im Rittersaal tragen ein Monumentalgemälde, die vier apokalyptischen Reiter darstellend. Über der Flügeltür prangt eine große Ahnentafel. Beginnend mit dem gemalten Konterfei Herberts I. Rauch-Höphffner von Brendt, reichen die Schilder, durch verschlungene Äste miteinander verbunden, nahezu endlos und münden schließlich beim bärtigen Antlitz Karls des Großen.
Der Kaffee wird in der holzvertäfelten *Burgstube* serviert. Auf dem Tisch liegen schwere Ordner bereit und zudem ein mächtiges Buch: Die eben erschienene *Rebenland-Chronik*. Ein Kapitel darin, vom Baron selbst verfasst, beschreibt die achthundertjährige Geschichte Schloss Trautenburgs.
»Der Name leitet sich vom steirischen Grafengeschlecht der Trauttmansdorff ab, in deren Besitz es lange Zeit stand. Ein damaliger Schlossherr, das wird Sie vielleicht interessieren, geriet wegen eines Liebesabenteuers in einen Grazer Hexenprozess«:
1630 beschuldigte in einem Verhör eine Magd ihre Herrin Benigna von Khevenhüller … der Hexerei, in dem sie, als Ott Ernreich von Trauttmansdorff sie nicht lieben wollte, durch abergläubische Mittel, und zwar abscheulichster Art, sich ihres (Ehemannes) *hatte entledigen wollen und mit dem Teufel Umgang gepflegt habe. Ott Ernreich ... war damals etwa 30 Jahre alt, Erbe von Trautenburg, offenbar ein begehrter Junggeselle. In einem zweiten Verhör mit derselben Magd und anderen Mägden der Benigna von Khevenhüller wird diese weiter beschuldigt, ein Kind getötet, zerschnitten, in einem großen Häfen gesotten und »in der Suppen« verzehrt zu haben.*
»Kaiser Ferdinand II. höchstpersönlich hat sich Bericht erbeten. Der Hexenverdacht wurde nicht von ihr genommen, ihren Besitz hat man daraufhin *als Sühnegabe einer reuigen Sünderin* den Je-

suiten überschrieben. Es muss eine furchtbare Zeit gewesen sein, jeder konnte jeden wegen nichts beschuldigen. Auch Trautenburg war einst Gerichtssitz, hier haben Prozesse stattgefunden, über Hexerei konnte ich aber nichts finden.

Weiße Frauen, so heißt es immer, seien adeliger Herkunft. Nachdem sich unser Geist als *graue* Frau zeigt, liegt der Schluss nahe, dass er dem Bürger- oder Bauernstand entstammt. Vielleicht ist es der Schatten jener Unglücklichen, von der es Mitte des 17. Jahrhunderts heißt, es habe Streit mit einer benachbarten Herrschaft gegeben, weil eine Magd der schlechten Behandlung wegen, die ihr widerfahren war, Selbstmord begangen hatte. Solche Auseinandersetzungen scheinen damals fast üblich gewesen zu sein. Die Untertanen haben schließlich Abgaben geleistet, den Zehent und Robot. Manchmal stritt man sich wohl dahingehend: ›Wem g'hört der Untertan, dir oder mir?‹ Bis zur Aufhebung der Grundherrschaft 1848 war es üblich, dass der Vater sein neugeborenes Kind in Richtung Trautenburg hob und die Worte sprach: ›Dort ist dein Herr.‹

Generell wurde über das Schloss selbst wenig geschrieben. Falls man in den diversen Publikationen doch einmal etwas findet, dann hauptsächlich Beschreibungen der Gebäudeteile, kaum je ist die Rede vom Leben, das hier herrschte. Ganze Monate habe ich für meine historischen Arbeiten in Wiener und Grazer Archiven verbracht, auch über den Pfarrchroniken in Leutschach. Unser Schlossarchiv hat durch Kriegseinwirkungen sehr gelitten, nur Aufzeichnungen über wirtschaftliche Angelegenheiten haben sich erhalten. Trautenburg ist so von Geheimnissen umwoben, es ist faszinierend. Das hält mich umfangen, lässt mich nicht mehr los. So viel gäbe es noch zu entdecken ...

Ja, dieser Luftangriff – es geschah am 17. November 1944. Ein amerikanischer Flieger warf drei Bomben ab. Eine davon zerstörte den Südtrakt samt parkseitigem Turm. Dort hatte die neunundsechzigjährige Gräfin Ostrowski, geborene Haugwitz, eine Tante des damaligen Besitzers, ihr Schlafgemach. Sie lag damals krank danieder und wurde direkt getroffen. Alles was von ihr übrig blieb, waren ein paar Knochen. Es bedurfte zweier Wochen, um den Schutt wegzuräumen, und darunter lagen weitere zwei Tote.

Eine Küchenhilfe und ein Stubenmädchen, beide noch sehr jung. Die waren am Gang von Trümmern verschüttet worden. Bevor sie schließlich erstickten, haben wohl beide noch gelebt, denn man fand die Leichen eng umschlungen.
1945 hatte Trautenburg dann gleich mehrere Besatzer hintereinander. Zuerst kamen die Partisanen, später Bulgaren, dann die Russen und schließlich die Engländer. Achtzig britische Soldaten wurden im Erdgeschoß, teilweise sogar in der Kapelle, einquartiert. Das obere Stockwerk war zunächst den Offizieren vorbehalten, aber die bevorzugten es bald, in Zelten auf offenem Feld zu campieren. Es hat ihnen nämlich zu sehr gespukt im Schloss! Dabei sollte man meinen, gerade Engländer wären ohnehin von ihrer Heimat her an Geisterschlösser gewöhnt.
Seit seiner Seligsprechung ist unsere Schlosskapelle dem ›Diener Gottes aus dem Hause Österreich‹, Kaiser Karl, geweiht. Ich hoffe sehr, dass uns Rom auch bald eine Reliquie bewilligen wird. Nachdem hier wieder Messen stattfinden, haben sich auch die Geistererscheinungen beruhigt. Es gibt zurzeit nichts Neues zu berichten. Falls sich das ändern sollte, gebe ich Ihnen natürlich Bescheid.«

KAISERLICHE HOFGESPENSTER

Schloss Schönbrunn, Hietzing, Wien

Es war eine harte Zeit, als Erzherzogin Zita mit ihren Kindern von Hetzendorf nach Schönbrunn übersiedelte. Der Erste Weltkrieg war über Europa hereingebrochen, der nahende Tod des Kaisers absehbar und auch der Zerfall des Vielvölkerstaates Österreich-Ungarn zeichnete sich schon ab.

Zita war damals die Frau des Thronfolgers Karl, denn Franz Joseph regierte trotz seines hohen Alters immer noch. Nachdem sein Sohn, Kronprinz Rudolf, 1889 in Mayerling Selbstmord begangen hatte und sein Neffe Erzherzog Franz Ferdinand 1914 in Sarajevo erschossen worden war, wurde Zitas Mann, sein Großneffe, Anwärter auf den Thron. Als Karl I., letzter österreichischer Kaiser und ungarischer König, sollte er in die Geschichte eingehen.

1911 erst hatte Zita, geborene Prinzessin von Bourbon-Parma, den Habsburger geheiratet. In diesen letzten Jahren der Monarchie war sie eine verlässliche Zeitzeugin, sie führte Tagebuch und brachte auf dieser Grundlage im hohen Alter ihre Memoiren zu Papier. Darunter findet sich eine merkwürdige Episode.

Am 13. August 1989, im Todesjahr der Kaiserin, schreibt der bereits verstorbene Geistliche Franz Graf Attems-Heiligenkreuz, *wurde ...* (mir) *... eine Photokopie mit einem Kapitel aus den Erinnerungen I*(hrer). *Majestät von deren Enkel Prinz* (Vinzenz) *Liechtenstein auf Schloß Waldstein überreicht. Der Text, auf Maschine getippt ..., wurde von I.M. eigenhändig korrigiert und ergänzt ...* Der Vater des Verstorbenen war in erster Ehe mit der einstigen Hofdame Zitas, Nora Gräfin Nostiz-Rieneck, verheiratet gewesen. Vor seinem Tod stellte Graf Attems-Heiligen-

Kaiserliche Residenz Schönbrunn – manche seiner ehemaligen Bewohner haben das Schloss noch immer nicht verlassen

kreuz dieses Kapitel Johannes Herberstein für dessen Drehbuch zur Verfügung. Warum die Erinnerungen Kaiserin Zitas perfekt in eine TV-Dokumentation namens »Geisterschlösser in Österreich« passen? Das erklären am besten ihre eigenen Worte (sanft korrigiert und ab und zu mit Erläuterungen versehen):

Nora Nostiz, meine hübsche Hofdame, war über ihr Zimmer restlos beglückt. Das teilte sie mir mit fröhlichem Lächeln mit, als wir am Abend unserer Übersiedlung, von Hetzendorf nach Schönbrunn, uns zum Soupér niedersetzten. Es war ein Spätsommertag, oder Frühherbsttag und mir war das Herz schwer; war doch Carl eben zur Front eingerückt. Kaiser Franz Joseph wollte nicht, daß die Kinder und ich im etwas entlegenen Hetzendorf bleiben … seine jüngeren Brüder, sein Sohn, seine Neffen, alle waren sie tot … Eben war sein Erbe und Großneffe an die Front abgegangen. Wenigstens sollte dessen einziger Sohn (Otto von Habsburg, Anm.) *aufs beste geschützt sein …*

Ich bekam, oben im zweiten Stock, das Braunschweigappartement zugeteilt. Hatte dort Maria Theresias Mutter gelebt? Ich weiß es nicht. ›In Schönbrunn darfst Du Dir nicht erwarten, Auskünfte über die Appartements zu bekommen und die Namen unter den Portraits sind auch alle verwechselt‹, warnte mich lachend Kaiser Franz Joseph. Eine Einwohnerin jedoch brachte es zustande, dass ... ihr Name und der Ort, wo sie wohnte, ... unvergessen blieb: Es war die Fürstin Auersperg.

›Also, Ihr Appartement gefällt Ihnen, Gräfin?‹ – ›Oh ja, und wie schön ist der Blick gegen die Gloriette ... Das Schlafzimmer ist klein; kosig hat nur einen Ausgang gegen den Salon. Und, kaiserliche Hoheit wissen doch, wie gerne ich violett habe. Dabei sagen meine Eltern immer, ich sei dafür noch zu jung! Mein Schlafzimmer, wahrhaftig, ist mit violetten Motiven auf hellem Grund tapeziert; zu hübsch!‹

Am nächsten Mittag sitzen Nora Nostiz und ich beim Déjeuner (= zweites Frühstück). *Mir fällt die Conversation noch immer etwas schwer. Aber ich konnte mich auf Noras sonnige Veranlagung verlassen; ihr fiel die Conversation immer leicht, wie schweigsam auch ihr Partner sein konnte. Und ausserdem hatte sie mir etwas zu erzählen: einen Traum, der sie seit der Nacht sehr beschäftigte. Vormittags hatte sie auspacken und räumen müssen, so hatte sie ihn noch nirgends anbringen können.*

›Ist es nicht merkwürdig, wie Leute oft etwas im Unterbewusstsein sehen, es nicht realisieren und es ihnen dann im Traum in irgendeiner eigentümlichen Form vor die Augen tritt‹, fing sie an und zog errötend an ihrer Halskette, wie sie es immer so gerne tat. Das war die entrée en matière (= Eintreten zur Sache) *zu etwas, was sie beschäftigte. – ›Und wie haben Sie diese Wahrheit entdeckt‹, frug ich sie lächelnd. Nun sah sie, dass ich aufpaßte und schoss mit ihrer Geschichte los:*

›Kaiserliche Hoheit erinnern sich, dass ich gestern abend sagte, dass mein Zimmer der Längsseite nach an den Gang lehnt und man vom Salon aus einen ganzen Umweg machen muss, um in diesen Gang zu gelangen. Als ich nun abends mich so über die schönen violetten Motive freute, muss mein Auge unwillkürlich an einem kleinen Strich hängen geblieben sein, während ich mir dachte:

›Wie komisch, dass da keine Türe ist.‹ Und dieser kleine Strich muss mir im Traum als der Rand der Tapetentüre klar geworden sein, der er faktisch ist. Diese Türe führt aber in den Gang. Im Traum war es viel komplizierter. – Ich glaubte in der Nacht aufzuwachen, weil mein Bett eine leichte Bewegung machte. Im Traum schaute ich nach rückwärts – kaiserliche Hoheit wissen, dass mein Bett in dem rechten Eck steht, also mit dem Kopfende und der linken Seite an der Mauer lehnt, das habe ich ja gestern erklärt. Gut, ich schaue also nach rückwärts gegen das Kopfende und sehe wie eine Hand mein Bett von der Mauer wegschiebt und diese Hand kommt durch eine etwas geöffnete Tapetentüre. Sie schiebt mehr und mehr, und durch die ziemlich breite Spalte kommt jetzt eine Dame herein. Ich bin eher erstaunt und frage mich, was sie will. Da geht sie neben der freien Bettseite an mir vorbei. Ich setze mich – im Traum – auf und sie geht zu meinem Fußende neben der Salontüre. Dort bleibt sie stehen. Sie war angezogen wie zur Maria Theresianischen Zeit, hatte eine grosse violette Seidenmasche vorne an der Corsage, das Gesicht konnte ich nicht sehen, wohl aber ihre wunderschönen Hände. Diese waren so auffallend schön, dass ich darüber das andere vergass. Sie ließ sie, eine etwas mehr vorne, die andere etwas mehr zurückgezogen, aber übereinander, über das Fußende meines Bettes hängen und blieb so stehen. Ich wusste nicht, was ich ihr sagen sollte. Sie blieb einen Augenblick unbeweglich, dann ging sie zur Salontüre und von dort aus hinaus. Als ich in der Früh aufwachte, fiel mir der Traum gleich wieder ein. Natürlich war mein Bett nicht verschoben, aber‹, Nora errötete violent und lächelte, ›die Türe war da.‹ – ›Das bestätigt Ihre Theorie.‹ Ein kleiner erleichterter Seufzer und ein erfreutes Kopfnicken dankten mir für diese Feststellung.

Am nächsten Tag zu Mittag: ›Ich muss gestern abends etwas gegessen haben, das mir im Magen liegen blieb, denn ich habe meinen Traum von der Dame mit den schönen Händen schon wieder geträumt und es geschieht mir nur bei Fieber, dass sich die Träume wiederholen.‹

Acht Tage später fragte ich sie: ›Gräfin, was ist mit Ihrer Dame mit der violetten Masche und den weißen Händen – träumen Sie noch von ihr?‹ Bis in ihre schönen, blonden Wellen wird Nora rot,

lächelt verlegen: ›Ja, jede Nacht habe ich denselben Traum.‹ – ›Hören Sie‹, rufe ich entsetzt, ›ich bitte noch heute um ein anderes Appartement für Sie. In einem solchen Zimmer bleiben Sie mir nicht ...‹ Aber Nora wollte in ihrem Zimmer bleiben; es gefalle ihr und ausserdem wolle sie nicht aussehen, als ob sie Angst hätte...
Einmal erzählte sie mir, sie sei ihrer Dame nachgelaufen, durch den Salon durch, zur Türe hinaus und um ein Haar straks in einen Gardisten hinein. Zum Glück war es ihr möglich, hinter der Salontüre zu raitierieren (= sich zurückziehen), *bevor der Überrumpelte sich umdrehen konnte. Aus dieser Deckung heraus frug sie ihn, ob jemand bei der Türe herausgekommen sei. Nein, er stehe schon ein Weilchen da. Nora, durch den Spalt blickend, bemerkte, dass der Gardist sehr gut verstand, was sie meinte; wenn er auch offenkundig diesmal nichts gesehen hatte, war ihm die Sachlage nicht neu. Trotzdem weigerte sich Nora weiter auszuziehen.*
Da kam die Kälte mir zu Hilfe. Noras Appartement ließ sich glücklicher Weise nicht heizen! Ich ergriff die Gelegenheit und bat den ersten kühlen Tag, ohne sie weiter zu befragen, um heizbare Zimmer für sie. Vor die fertige Tatsache gestellt, nahm Nora mit Dank die vorgeschobene Kälte an ... Auf demselben Stockwerk liegend, ging die Übersiedlung von statten. Als Nora eben wieder um eine Armvoll Sachen kam, hörte sie im Gang den einen alten Hausdiener einem anderen zurufen: ›So lang wie d i e hats noch keine ausg'halten in dera Wohnung; bis jetzt waren's alle nach zwei Täg scho draussen! Hätt nie geglaubt, dass eine es länger dermacht. Hat scho Schneid!‹
Im Frühling fahren wir einmal nach Bruck an der Leitha und déjeunieren beim Grafen und Gräfin Otto Harrach ... Nach dem Essen zeigen sie Nora und mir das sehr schöne Schloss. Ich gehe mit Schlossherr und Schlossfrau voraus, Nora macht sich mit jüngerem Volk freundlich, bleibt ziemlich zurück. Inzwischen gelangen wir in ein rundes Zimmer, wo lauter ovale Porträts ziemlich hoch auf der Wand angebracht sind. Es wird mir erklärt, dass dies die Hofdamen Maria Theresias seien, welche die Kaiserin habe porträtieren lassen. Hintereinander wurden die Namen zitiert oder zu entziffern versucht. Während dieser Arbeit trifft Nora ein, die, um die bisherigen Erklärungen gekommen, eher uninteressiert hi-

naufblickt. Übrigens brauchte sie ein face à main (= Handbrille), *um wirklich auf Distanz gut zu sehen. Plötzlich sehe ich sie ein Porträt namenlos erstaunt fixieren, der Mund geht etwas auf, wie wenn sie einen Ausruf machen wollte, sie schließt ihn rasch, wird rot im Gesicht und greift nach ihrer Brille. Ich frage mich, eher beunruhigt, was sie nur haben kann und vergesse darüber meine Gastgeber, die sich bemühen, den Namen des Porträts zu lesen, das Nora eben fixiert. Ich blicke hin: Eine große Masche am Corsage und ein wunderschönes Händepaar übereinandergelegt, eine Hand mehr vorn, eine mehr zurück; es sieht aus, als ob sie aus dem Rahmen heraushängen würden. Jetzt ist mir alles klar.*

›Fürstin Auersperg!‹, ruft eben Graf Harrach. ›Ja, natürlich!‹, fügt er hinzu, ›sie hatte so wunderschöne Hände, dass sie deswegen so porträtiert wurde; es war ihre Lieblingshaltung.‹

›Richtig, Fürstin Auersperg‹, wiederholte nun Gräfin Harach. ›Aber Nora‹, ruft sie plötzlich vom Sessel herunter, wo sie zwecks Entzifferung hinaufgestiegen war, ›du solltest sie ja eigentlich kennen!‹

›Wieso denn‹, antwortet Nora aufs höchste überrascht, aber wieder im Vollbesitz ihrer Selbstbeherrschung.

›Nach dem was ich höre, wohnst Du in ihrem Appartement und sie soll ja umgehen!‹

›Das war eine Überraschung‹, sagte mir Nora am Heimweg. ›Aber wenigstens weiß ich jetzt ohne jeden Zweifel, wer meine Dame ist …‹

Wilhelmine Gräfin Neipperg soll so schön gewesen sein, dass sie am Kaiserhof nur »la belle princesse« genannt wurde. In den späten 1750er Jahren verzauberte sie auch Franz Stephan von Lothringen, als Kaiser Franz I. vielleicht weniger bekannt, weit eher wohl als Gemahl Maria Theresias. Um die Gefahr abzuwenden, wurde Wilhelmine kurzerhand mit dem um achtzehn Jahre älteren Fürsten Auersperg verheiratet. Er weilte fern von Wien und diese Distanz sollte jegliche Gefährdung des *flatterhaften kaiserlichen Herzens* verhindern. Franz Stephan allerdings hintertrieb das so praktisch scheinende Arrangement seiner dominanten Gemahlin und übertrug dem neuen Ehemann der schönen Wilhelmine ein hohes Amt bei Hofe. Bald darauf weilten Fürst und Fürstin Auersperg *amtsbedingt* in Wien. Kaiserliche Einladungen zu nächtlichen Rendezvous im Schönbrunner Schlosspark ergingen daraufhin freilich nicht an das Ehepaar, sondern ausschließlich an die Fürstin allein. Sie wurden angenommen.

Die streng katholische und sittenstrenge Zita beendet ihren Bericht mit den Worten:

Die Freud' ist kurz, die Reu' ist lang; seither ist Fürstin Auersperg nächtlicherweise oft zu sehen: sie kommt langsam die Alleen vom Teehaus heruntergeschritten, schwebt sachte die grosse Freitreppe hinauf und in die grosse Galerie hinein. Bald darauf kommt sie die Wendeltreppe herauf. So bekannt ist ihr Anblick, dass die Gardisten ihr auf der engen Stiege Platz machen, um sie vorbei zu lassen. Oben geht sie den Gang entlang, bis zur Tapetentüre ihres Schlafzimmers. Dort verschwindet sie. Allerdings, für die Bewohnerinnen des Zimmers fängt jetzt der Besuch erst an.

Eleonore »Nora« Gräfin Nostiz, von ihrer Familie *als sehr wirklichkeitsnah, absolut nicht exaltiert* beschrieben, heiratete 1917 Ferdinand Graf Attems und bekam in dieser Ehe zwei Söhne. Bereits im Alter von fünfunddreißig starb sie in Graz.

Vor Zita selbst lag noch ein langes und ereignisreiches Leben. Als Franz Joseph im November 1916 starb, strebte der Erste Weltkrieg gerade seinem Höhepunkt entgegen. Karl und Zita bestiegen den Thron, konnten den Untergang der Monarchie aber nicht mehr verhindern. Zwei Jahre später wurde die Republik ausgerufen und das Paar ging ins Exil. Bereits 1922 starb Kaiser Karl auf Madeira an einer Lungenentzündung.

Es war ein mediales Großereignis, als Zita 1982 erstmals wieder österreichischen Boden betreten durfte, und Kanzler Bruno Kreisky die Hand der alten Dame schüttelte. Die sozialistische Bundesregierung hatte ihr letztendlich doch gestattet, ohne die obligate Verzichtserklärung einzureisen. Zumindest mit Teilen ihrer Vergangenheit schien die Republik endlich Frieden zu schließen. Zita wurde siebenundachtzig Jahre alt und in der Wiener Kapuzinergruft, der traditionellen kaiserlichen Begräbnisstätte, beigesetzt.

Schönbrunn nutzten die Habsburger meist nur als Sommerresidenz. Während der kalten Jahreszeit zogen sie die zentral gelegene

Hofburg vor. Heute besuchen Tag für Tag unzählige Touristen das Rokokoschloss. Aber seit Kaisers Zeiten wohnt niemand mehr im eigentlichen Schloss. Es gibt wahrscheinlich nur mehr ganz wenige Menschen, die, so wie der alte Kammerdiener aus Zitas Bericht, über die Gewohnheiten der ruhelosen Seelen Bescheid wissen, welche die prunkvollen Gemächer durchstreifen, sobald sich die Türen hinter den letzten Touristen schließen. Einer dieser wenigen, ein ehemaliger Fremdenführer, vertraute sich drei Journalisten an, die gerade für ein Buch über *Spuk in Wien* recherchierten. Er hatte nichts gegen eine Veröffentlichung, wollte aber namentlich nicht genannt werden. »Heinz Leitner« ist daher nur ein Pseudonym.

»Es war eines Morgens im April 2001, als ich sie zum ersten Mal sah. Oft kam ich schon eine halbe Stunde vor Beginn meiner Führungen ins Schloss und genoss es, allein durch die Gemächer zu schlendern. Man atmet buchstäblich Geschichte in Schönbrunn, fühlt sich fast in vergangene Zeiten versetzt. Sogar die Luft scheint schwerer zu sein als anderswo. Während ich an diesem Morgen so meinen Gedanken nachhing, bemerkte ich plötzlich eine Bewegung in meinen Augenwinkeln. Zunächst waren es nur zarte Schatten und ich glaubte schon an eine optische Täuschung. Dann blickte ich genauer hin:

Im Toiletteraum Kaiserin Elisabeths schwebten zwei blasse, fast transparente Frauengestalten über dem Boden. Die eine der beiden trug ein weißes Spitzenkleid und saß auf dem Stuhl. Die Kleidung der anderen war viel undeutlicher, irgendetwas Gelbes formte ihre Gestalt. Jedenfalls stand sie daneben und kämmte der Sitzenden das Haar. Und dieses Haar war das deutlichste an der ganzen Erscheinung: Dunkle, lange Strähnen stachen kräftig aus diesem blassen Szenario hervor. Die beiden schienen richtig vergnügt zu sein, oft zu lachen, aber es war kein Laut zu hören. Ich stand nur wenige Meter davor, direkt bei der Glaswand, die diesen Toiletteraum vor souvenirwütigen Touristen schützt, wagte kaum zu atmen oder mich zu bewegen. Dann plötzlich gab es ein Geräusch, vielleicht ist irgendwo ein Fenster zugeschlagen, und von einem Moment auf den anderen waren die beiden verschwunden. Ich starrte noch eine Weile in diesen Raum, auf die Frisierkom-

mode hinter dem Glas, aber es war nichts Ungewöhnliches mehr wahrzunehmen.
Da erst wurde mir bewusst, dass ich die beiden schon oft auf Bildern gesehen hatte. Es bestand überhaupt kein Zweifel, Sisi und ihre Friseurin Fanny Feifalik waren mir erschienen.
Ich war wie vor den Kopf gestoßen, zweifelte an meinem Verstand. Nie zuvor hatte ich etwas Vergleichbares erlebt. ›Die Kollegen halten mich todsicher für verrückt‹, war mein erster Gedanke. Am nächsten Tag standen wir zu dritt beisammen und ich schnitt vorsichtig das Thema an. Es war eine eigenartige Stimmung zwischen uns, man konnte spüren, dass da noch was kommt, und ich erzählte schließlich alles. Einer gestand daraufhin, er habe sie auch schon gesehen. Dieselbe Situation, dasselbe Bild. Dem anderen war das zwar noch nicht passiert, er meinte aber, etliche Touristen hätten ihn schon darauf angesprochen, vor allem Briten und Amerikaner. Einige von ihnen wollten zwei geisterhafte Frauen gesehen haben.
Wir sprachen dann gemeinsam in der Direktion vor, wurden aber dort nur ausgelacht. Als wir daraufhin wissen wollten, wie wir reagieren sollten, hat es geheißen, man wolle keine Spinner oder Sektierer anlocken. Wir dürften kein Wort darüber verlieren, war die Devise. Das war zwar deprimierend, aber solange wir dort arbeiteten, haben wir uns auch daran gehalten.«
Als ehemaliger Führer weiß Leitner, dass dieser Toiletteraum nur eine Rekonstruktion ist. Die Gemächer der Kaiserin lagen, heute für Besucher unzugänglich, im Nordtrakt des Schlosses. Das Mobiliar sowie die Frisiergegenstände und Accessoires hinter der Glaswand sind allerdings original.
»Ich dachte mir, vielleicht ist einer dieser Gegenstände der Grund, warum die Sisi erscheint. Vielleicht findet sich in einer der Bürsten noch ein Haar von ihr«, lacht Leitner, »das glaube ich aber nicht wirklich. Jedenfalls kann es wohl kaum am Schloss liegen. An diesem Ort hat sie sich zeit ihres Lebens nie wohl gefühlt, wollte ihm immer entfliehen.«
Anfang der 1860er Jahre litt Elisabeth an einer Lungenkrankheit, von der sie sich auf Korfu und Madeira erholte. Es war der Beginn einer langen Odyssee. Von dieser Zeit an sollte sie bis an ihr Le-

bensende durch halb Europa hetzen und nirgendwo für längere Zeit Ruhe finden. Am 10. September 1898 erstach der italienische Anarchist Luigi Lucheni in Genf die österreichische Kaiserin mit einer Feile. Das Älterwerden war für die »süße« Sisi ein großes Problem gewesen. Lange schon hatte sie ihr Gesicht hinter Fächern und Schleiern verborgen und in ihren Gedichten den Tod herbeigesehnt.

»Bis dahin hatte ich mich eigentlich nie speziell für Sisi interessiert. Ich wusste nur, was man als Führer so wissen muss. Seither habe ich alles über sie gelesen, was aufzutreiben war.«

Die Historikerin Brigitte Hamann räumte in ihrer Biografie der Kaiserin gründlich mit dem Kitsch auf, der bis dahin gepflegt worden war. Sie erschloss neue Quellen, unter anderem die selbst verfassten Gedichte Elisabeths, die auch die Schattenseiten der Wittelsbacherin nicht verschwiegen.

1854 verließ die erst sechzehnjährige Sisi ihre bayerische Heimat, um den jungen Franz Joseph zu heiraten. Sie war das ländliche Leben gewohnt, mit all seinen Freiheiten, und litt daher am Wiener Hof unter dem steifen Zeremoniell. Franz Joseph nahm sich nur wenig Zeit für sie, die anfangs absolutistische Regentschaft seines riesigen Reichs nahm ihn voll in Anspruch.

Doch mit den Jahren setzte sich die Kaiserin gegen das Protokoll zur Wehr. Streitereien mit ihrem Ehemann entzog sie sich, ebenso wie ihren Pflichten als First Lady, durch ausgedehnte Reisen. Ihre Gedichte spiegeln das Bild einer höchst unglücklichen und weltfremden Frau wider. Nach heutigem medizinischen Wissensstand war sie gemütskrank, magersüchtig und frigide. Hinzu kamen schwere Schicksalsschläge: Ihr erstes Kind, Sophie, erlag zweijährig einer schweren Krankheit und ihr einziger Sohn, Kronprinz Rudolf, erschoss sich mit seiner Geliebten Mary Vetsera in Mayerling.

Nur ein einziges Mal mischte sich Elisabeth nachweislich in die Staatsgeschäfte: Der verhängnisvolle »Ausgleich« mit Ungarn kam 1876 nicht zuletzt wegen des Drucks zu Stande, den sie auf Franz Joseph ausübte. Die Ungarn verehrten deshalb ihre Königin, freuten sich über den neuen, äußerst schwierig zu regierenden Doppelstaat, denn proportional zu ihrem Bevölkerungsanteil erlangten die Magyaren übergroßen Einfluss. Ob sich Elisabeth über die Folgen ihrer Kampagne im Klaren war? Sie ließ sich wohl mehr von ihren Emotionen leiten.

Ansonsten widmete sich Sisi wie besessen der Pflege ihrer legendären Schönheit, nahm für ihre berühmte Wespentaille sogar Hungerödeme in Kauf. Allein das Gewicht ihres Haares bereitete ihr oft solche Kopfschmerzen, dass sie es mit Bändern in die Höhe hängen ließ, um wenigstens eine Zeit lang von der Last befreit zu sein. Die kastanienbraune Pracht reichte ihr bis zu den Fersen und eine einzige Haarwäsche dauerte einen ganzen Tag. Von den drei berühmten Winterhalter-Gemälden kennt man ihre kunstvollen Flechtfrisuren. Dafür brauchte Sisi nicht einfach eine Friseurin, sondern eine Künstlerin. Die fand sie 1863 in der siebzehnjährigen Fanny Angerer. Das Mädchen wurde eine äußerst wichtige Bezugsperson. War es einmal krank, verweigerte die Kaiserin sogar, bei offiziellen Veranstaltungen aufzutauchen. Hatten die Frauen Streit, erklärte sich Fanny gerne unpässlich und schickte ein anderes Mädchen als Ersatz. Die Kaiserin war nie zufrieden mit der Vertretung. Einmal meinte sie sogar: *»Nach einigen solchen Frisiertagen bin ich wieder ganz mürbe. Das weiß jene und wartet auf eine Capitulation. Ich bin die Sclavin meiner Haare.«*

Sisis Laune konnte sich dramatisch verschlechtern, wenn sie meinte, schlecht frisiert zu werden. Fanny ließ daher Elisabeths ausgekämmte Haare heimlich unter ihrer Schürze verschwinden, wo sie vorsorglich ein Klebeband angebracht hatte. Die Kaiserin bekam dann nach dem Frisieren einen sauberen Kamm zu sehen und war höchst zufrieden.

Das Mädchen verliebte sich schließlich in Hugo Feifalik, einen Bankbeamten. Ihn zu heiraten hätte der Hofordnung widersprochen, doch Elisabeth erreichte eine Ausnahmegenehmigung. Auch Hugo Feifalik profitierte von dieser Verbindung. Zunächst wurde er Privatsekretär der Kaiserin, im Laufe der Jahre schaffte er den Aufstieg in den Ritterstand.

»Vieles in dieser Biografie deckt sich mit dem, was ich gesehen habe. In diesem Frühjahr 2001 kam es zu mehreren Erscheinungen. Die Szenerie war stets ähnlich, aber trotzdem nicht wie ein Film, der immer gleich abläuft. Einmal wirkte Sisi schlecht ge-

launt, mürrisch und ungeduldig. Sie löste wütend die Klammern, schüttelte ihr Haar aus und schien mit der Feifalik zu schimpfen. In diesem Moment strahlte Kälte durch den Raum, ich konnte es spüren. Kaum drang von irgendwoher ein Geräusch, waren sie erneut verschwunden.
Einmal trat ich vorsichtig so nahe wie möglich an die Glaswand und fragte leise: ›Wie geht es Ihrer Majestät?‹ Keine Reaktion. Dann etwas lauter: ›Eure Majestät …‹ Sie schenkten mir überhaupt keine Beachtung. Danach war ich still, ich wollte sie ja nicht verscheuchen, habe ihnen ja gerne zugeschaut. Es war ein Anblick, den ich nie vergessen werde. Sie war wirklich eine beeindruckende Erscheinung. Nicht von ungefähr hieß es damals, sie sei die schönste Frau Europas.«
Während seiner Führungen wurde Heinz Leitner mehrere Male von Touristen auf die Erscheinung angesprochen, er leugnete aber stets, irgendetwas darüber zu wissen.
Mittlerweile arbeitet Leitner, ebenso wie seine beiden erwähnten Kollegen, in einer anderen Branche. Ab und zu zieht es ihn immer noch nach Schloss Schönbrunn, als Besucher, stets in der Hoffnung, Kaiserin Elisabeth wiederzusehen. Bisher aber ohne Erfolg.

DIE FRAUEN VON WALCHEN

Schloss Walchen, Salzkammergut, Oberösterreich

Im Jahr 1736 kommt ein Reiter ins Dorf galoppiert, bleich und abgehetzt. Er bringt schlechte Nachrichten. Ganz in der Nähe soll ein Kind gestorben sein. Beulen am ganzen Körper und bald darauf schon war es tot. Kein Zweifel, die Pest ist wieder im Land! Vor mehr als zwanzig Jahren hat sie zuletzt gewütet und Tausende dahingerafft im Land ober der Enns.

Wohl ist man nun gewarnt, was aber bleibt zu tun? Die Höfe verlassen und fliehen, rechtzeitig hoffentlich, um mit Gottes Hilfe verschont zu bleiben?

Allein der Reiter, er lebt nicht lange. Selbst ist er schon gezeichnet, der Unglücksbote, und ahnt nichts davon. Warnen hat er wollen vor der Seuche, doch vergeblich, der schwarze Tod war bereits bei ihm am Pferd gehockt, im selben Sattel.

Noch ehe ein Monat vergangen ist, liegen sie alle tot in ihren Häusern. Das Vieh schreit in den Ställen, aber niemand kommt mehr, es zu melken. Tot die Bauern, verlassen die Felder, verwaist auch das Schloss, tot die gräfliche Familie und ebenso ihr Gesinde; das ganze einst blühende Dorf ein großer Friedhof.

Es dauert lange, bis sich wieder Menschen nach Walchen wagen. Anfangs sind es nur Gerüchte: Im Schloss sei es nicht geheuer, irgendetwas habe sich dort geregt. Schon bald aber ist es gewiss: Eine Einzige hat er nicht bekommen, der schwarze Tod.

Die Gräfin, sie lebt noch! Aber ihr Haar, es ist schlohweiß. Und nicht die Jahre tragen Schuld daran, es ist der Wahnsinn.

Alles hat sie bereits gewusst, lange zuvor, sagen die Leute, das zweite Gesicht ist ihr gegeben. Ihre sieben Kinder hat sie sterben

Seit 1749 hat Gräfin Gurland Schloss Walchen nicht mehr verlassen

sehen, ihren Mann, noch ehe es geschah. Und nichts konnte sie tun, es abzuwenden. Nun irrt sie durch die leeren Hallen, einsam und nicht mehr bei Sinnen. Zu viel hat sie durchlitten, weit mehr, als ein Mensch ertragen kann. Dreizehn lange Jahre noch wird sie warten auf den erlösenden Tod und während all dieser Zeit ihr Schloss nicht mehr verlassen.

Im Jahr 2004 erscheint Walchen immer noch wie ausgestorben. Kein Mensch ist zu sehen, als die Besucher ihren Wagen vor der Schlossmauer parken. Gelegentlich vorbeibrausende Autos auf der Überlandstraße in größerer Entfernung, irgendwo bellt kurz ein Hund, sonst aber ist es still. Hier, in diesem abgelegenen Teil der Gemeinde Vöcklamarkt, im Alpenvorland des Salzkammerguts, wütet aber keine Seuche mehr, sondern es ist ein ganz gewöhnlicher Arbeitstag, ein kalter, verregneter Mittwochnachmittag im April. Wenige Bauernhöfe und Einfamilienhäuser, eine Kapelle, ein Gebäude für die Freiwillige Feuerwehr, rundum Wiesen, Felder, bewaldete Hügel – das ist Walchen. Und das Schloss natürlich, ein schnörkelloser Bau mit weiß und kaisergelb gestrichener Fassade inmitten eines fünf Hektar großen Parks mit mächtigen alten Bäumen. Einige Schafe weiden darin im strömenden Regen. Die Besucher sind etwas zu früh angekommen und sehnen sich nach heißem Kaffee. Doch die Schlosstaverne, das einzige Lokal im Ort, hat ihren Ruhetag. An der großen Linde davor lehnt verlassen ein rotes Kinderrad.

Unweit des Schlosses, auf einem flachen Hügel, steht ein halb verfallener Wehrturm. Er ist der letzte Rest der ursprünglichen Burganlage, an die achthundert Jahre alt. *Walhen* wird 1371 erstmals urkundlich genannt, das gleichnamige Geschlecht schon um 1040. Spätere Besitzer lassen die Festung 1590 bis auf den einzelnen Turm abtragen. Die Steine verwendet man zum Bau des Schlosses. Gleich zwei Kapellen beherbergt das Gebäude, eine katholische und eine protestantische. Im Zuge der Gegenreformation werden mehrere Eigentümer ihrer religiösen Überzeugung wegen aus Walchen vertrieben.

1638 erwirbt schließlich Nikolaus von Gurland das Anwesen und erhält vom Kaiser auch die hohe Gerichtsbarkeit. Die Fassade ihres neuen Anwesens lassen die Gurlands, dem Geschmack der Zeit entsprechend, barockisieren. Gräfin Dorothea, die letzte Gurland auf Walchen, stirbt 1749 im Wahnsinn, nachdem ihr Mann und ihre Kinder dreizehn Jahre zuvor einer Seuche erlegen sind. Ob es wirklich das letzte, regionale Aufflackern der Pest in Österreich war, wie es die Sage erzählt, darüber scheiden sich die Geister (siehe Anhang S. 187). Danach wechseln die Besitzer rasch hintereinander. Nur selten wird Schloss Walchen innerhalb einer Familie vererbt. Aufwändige und langwierige Renovierungsarbeiten entfallen daher meist.

Wenig später sitzen die Besucher in einer gemütlichen rustikalen Wohnstube und lehnen sich dankbar gegen den grünen Kachelofen. Massives Holz dominiert den Raum. Neben alten

Kuchenformen hängt eine Kuckucksuhr an der Wand. Ringsum stehen handbemalte Bauernmöbel, dekoriert mit Vasen und Tonkrügen, und von der Decke baumelt eine mit Getreidebüscheln geschmückte Lampe. Die grau-schwarze Tigerkatze in der Ecke der Ofenbank schnurrt behaglich auf ihrem Schaffell. Waffen und Jagdtrophäen, wie sonst in Schlössern meist allgegenwärtig, sucht man hier vergeblich.

Eugenie Hanreich, die Besitzerin, gießt heißen Tee in geblümte Tassen. Die promovierte Ethnologin wirkt wie ihre Umgebung: Bodenständig und unaufgeregt. Schon nach kurzer Zeit lassen sich die sonst so hektischen Stadtmenschen von der kontemplativen Stimmung anstecken.

»Das hat sich hier in diesem Schloss abgespielt und ist historisch belegt. Die Dorothea Gurland hatte sieben Kinder, die waren auch schon verheiratet. Alle sind sie gestorben, das gesamte Dorf wurde entvölkert. Man kann sich leicht vorstellen, dass die Dorothea nach diesem Schicksalsschlag verrückt geworden ist. Sie fand sich plötzlich völlig allein, ohne Bedienstete wieder, wusste weder, wie man einheizt noch wo das Wasser zu finden ist. Und die Tiere brüllten im Stall. Das kann einen doch nur in den Wahnsinn treiben. Und seitdem soll sie eben hier geistern.« Eugenie Hanreich zündet eine Kerze an und verschwindet dann in der angrenzenden Küche, um nach dem Tee zu sehen.

Der erste Eindruck von Walchen, das Gefühl von Leere und Verlassenheit, täuscht. Hier, wo einst der schwarze Tod gewütet haben soll, herrscht normalerweise fröhliches Kinderlachen. Nebenan, im ehemaligen Meierhof des Schlosses, betreibt Hanreich seit fünfundzwanzig Jahren ein Museum zur Geschichte der Kindheit in Österreich. Mehr als tausend Exponate, von historischem Spielzeug bis zum Gebärstuhl, vor allem aus der vorletzten Jahrhundertwende, vermitteln unterschiedliche Erziehungs- und Lebensformen in den sozialen Gruppen. Zu jedem Thema finden Familien, ganz nach der Montessori-Idee, alles vor, um selbstständig miteinander zu spielen und zu reden. Auch die Sage vom ruhelosen Geist der Gräfin wird den jungen Besuchern nicht verschwiegen.

»Aus der Gurland-Zeit ist leider fast nichts mehr erhalten. Manche Dorfbewohner wollen sich noch an ein Gemälde erinnern, das angeblich bis in die fünfziger Jahre hier im Stiegenhaus gehangen hat. Es soll die Dorothea dargestellt haben, in einem weißen Kleid und auf einem Pferd sitzend. Ein Vorbesitzer, ein englischer Gesandter, hat es dann aber wohl nach Nordafrika mitgenommen. Die mündliche Überlieferung von einer *Weißen Frau* hier im Schloss gibt es allerdings schon lange, und auch heute noch berichten Leute immer wieder von Schemen, die sie hier wahrnehmen.«

Seit 1959 lebt Eugenie Hanreich nun im Schloss. Ihre verstorbene Mutter hat es damals erworben und das baufällige Gebäude von Grund auf renovieren lassen. Im Zuge dieser Arbeiten wurden auch die alte protestantische Kapelle sowie bemalte Renaissancedecken gefunden. Teile des Anwesens sind heute zu Wohnungen umgebaut und vermietet.

»Der Vater meiner Tochter und ich spürten einmal ganz deutlich die Anwesenheit der Gräfin. Wir lagen schon im Bett und ich bin noch einmal aufgestanden, weil ich dachte, es sei ein Fremder hereingekommen. Da war aber keiner. Beide hatten wir trotzdem ganz stark das Gefühl, außer uns ist noch jemand im Raum. Das passiert nach wie vor und ist dann meist so intensiv, dass man sich richtiggehend wundert, niemanden zu sehen. Auch Schritte sind öfters zu hören, obwohl man weiß, man ist alleine im Haus. Meine Freundin, Renate Antwerpen, und eine ehemalige Mieterin, die Frau Czapek, sind ihr aber wirklich begegnet, unabhängig voneinander.«

Renate Antwerpen lernen die Besucher wenig später kennen. Die quirlige Frau mit Strickweste und grauen Locken erscheint den Gästen irgendwie bekannt. Ist sie vielleicht die Hexe, gemalt samt Katze und Besen, auf dem Werbefolder für das Kinderwelt-Museum?

»Ja, da bin ich Modell gestanden«, lacht sie. »Ist das nicht passend?« Unverkennbar, bayerischer Akzent. Was verschlägt eine Deutsche in dieses winzige oberösterreichische Dorf? Arbeitet sie im Museum mit, ist sie ein Gast?

»Nein«, antwortet Antwerpen mit gespielter Entrüstung, »ich bin hier als Freundin. In erster Linie. Ab und zu helfe ich auch im Museum aus. Ende der Achtziger lernte ich die Eugenie kennen. Dann kam ich einmal mit meinen Kindern hierher. Und danach

einfach immer wieder. Meine Kinder sind mittlerweile erwachsen, ich bin in Pension; da bin ich halt hierher gezogen und fühle mich jetzt wirklich zuhause.«
Renate Antwerpen weiß, dass die Geschichte von der ruhelosen Gräfin keine bloße Sage ist.
»Damals, als ich dieses Erlebnis hatte, war ich hier zu Besuch. Ich übernachtete mit meinen Kindern im zweiten Stock. Die Eugenie hatte von dem Gespenst erzählt, und obwohl sie mir versicherte, dass es ein guter Geist sei, fand ich es doch sehr gruselig. Eines Nachts konnte ich nicht einschlafen. Ich bin also aufgestanden, um mir noch ein Buch aus der Bibliothek zu holen. Mein Zimmer befand sich an einem Ende des Flurs und ich schaute zum anderen Ende hin, dort, wo die Bibliothek liegt. Da sah ich dann ganz eindeutig etwas Helles, Weißes über dem Boden schweben. Es war aber keine richtige Figur, so mit Armen und Beinen, sondern, ja – eindeutig ein Geist. Es war unglaublich, die Gestalt sah aus wie eine Nebelschwade, bewegte sich aber sehr menschlich, leicht schwebend über dem Fußboden.«
Die Tigerkatze hat es sich inzwischen auf Frau Antwerpens Schoß bequem gemacht. Sie grault das schnurrende Tier und zupft sich eine Locke aus dem Gesicht. »Ich konnte diese Erscheinung keinem Geschlecht zuordnen, es war eher eine neutrale Sache. Aber da ich wusste, dass es hier eine *Weiße Frau* gibt, hab ich automatisch angenommen, dass sie es ist.«
Und merkwürdigerweise, so versichert die Bayerin, sei diese unbewusste Angst, die sie zuvor im Schloss immer gespürt habe, seither wie weggezaubert. »Es ist überhaupt nicht mehr schrecklich. Manchmal bin ich hier alleine, wenn ich für Eugenie das Haus hüte. Ich gehe jetzt auch überall herum, selbst im zweiten Stock, und fühle mich ganz einfach wohl.«
Frau Hanreich nickt zustimmend: »Ich habe auch den Eindruck, beschützt zu werden. Es ist so, als ob ein guter Geist dafür sorgt, dass Menschen, die mir nicht wohl gesonnen sind, nicht hier bleiben oder erst gar nicht hereinkommen. Ich bin davon überzeugt, dass die *Weiße Frau* dabei eine positive Rolle spielt.«

Die zweite Augenzeugin, Ingmarie Czapek, lebte zwischen 1986 und 1989 mit ihrem Mann in Schloss Walchen. Während dieser Zeit ist die Fünfundfünfzigjährige mehrmals dem Geist von Gräfin Gurland begegnet. Telefonisch kontaktiert, erinnert sie sich:

»Als ich damals eine Wohnung im Schloss bezog, erzählte mir Frau Hanreich von der *Weißen Frau*, die angeblich in dem Trakt umgehe, in dem wir wohnen sollten: ›Sie ist ein guter Geist, sie wird Ihnen helfen‹, meinte sie. Ich hab zunächst gelacht und nur gemeint: ›Wobei soll die mir helfen? Hoffentlich beim Hemdenbügeln!‹

Trotzdem ließen mein Mann und ich nachts immer das Licht brennen. Einmal aber vergaßen wir darauf. Wir waren beide schon eingeschlafen, als ich gegen ein Uhr in der Früh wach wurde. Ich fühlte mich völlig entspannt, dachte überhaupt nicht an die Spukgeschichten hier, als ich plötzlich schlurfende Schritte hörte, die immer näher kamen. Ohne Übertreibung, mir standen die Haare zu Berge! Dann sah ich eine Gestalt, die langsam durch die offene Flügeltür ins Zimmer trat. Ich geriet total in Panik, war wie gelähmt und konnte kaum noch atmen, während mein Mann und der Hund seelenruhig weiterschliefen.

Die Erscheinung bewegte sich langsam auf das Fenster zu und blieb dort einige Zeit stehen. Langsam legte sich meine Angst und ich beobachtete sie genau. Es war eine kleine und schmale Frauengestalt im weißen Kleid. Ihr Kopf war in einen Schleier gehüllt. Die ganze Erscheinung erinnerte mich an eine Nonne. In Walchen gab es damals keine Straßenbeleuchtung. Als einzige Lichtquelle schien der Vollmond in den Raum, so konnte ich kein Gesicht erkennen. Der Körper war aber nicht transparent, es war eher so, als ob jemand einen Weichzeichner darüber gelegt hätte. Sie ging dann dicht an meinem Bett vorbei und ich roch Veilchenduft. Dann verschwand sie aus dem Zimmer. Nachher hatte ich ein wohliges Gefühl, mir wurde richtig warm ums Herz.«

Ingmarie Czapek versichert, bisher nur ihrem Mann und Frau Hanreich von dem nächtlichen Besuch erzählt zu haben.

»Ich glaube, dass nur sehr wenige Menschen so etwas erleben. Das allgemeine Verständnis solchen Geschichten gegenüber ist daher wohl eher gering.« Eine Grundangst sei nach dieser ersten Begegnung aber doch geblieben und auch danach habe sie nach dem Zubettgehen immer das Licht brennen lassen.

»Da mein Mann viel Zeit in Wien verbrachte, bat ich meine Nachbarin, Frau Huber, doch bei mir im Vorraum des Schlafzimmers zu übernachten. Das Licht am Gang ließ ich brennen, um nur ja nicht wieder so eine Sichtung zu haben. Frau Huber drehte es aber, ahnungslos wie sie war, ab. Kurz nach Mitternacht bin ich dann durch einen lauten Schrei aufgewacht. Meine Nachbarin sah genau dieselbe Erscheinung wie ich und beschrieb sie mir später als zarte und liebevolle Frauengestalt in einem hellen Kleid. Frau Huber ist aber mittlerweile schon verstorben.
Eine Mitarbeiterin von uns stürmte einmal zu später Stunde voller Panik hinaus. Sie hatte versucht eine Tür zu öffnen und dabei gespürt, dass jemand von außen dagegen drückte. Es war aber niemand da. Insgesamt habe ich den Geist drei Mal gesehen. Es waren sehr ähnliche Erlebnisse. Noch öfter hatte ich tagsüber das Gefühl, durch verdichtete Luft hindurchzugehen.«
Wurde die *Weiße Frau* von Walchen nur in den letzten zwanzig Jahren gesehen oder existieren auch Überlieferungen oder Niederschriften von Vorbesitzern?
»Nicht dass ich wüsste«, überlegt Eugenie Hanreich, »es ist natürlich schwierig, denn die Besitzer haben sehr oft gewechselt. In seiner langen Geschichte wurde das Anwesen mehr verkauft und gekauft als vererbt, daher sind Traditionen nicht wirklich entstanden. Auch fehlen schriftliche Aufzeichnungen, weil das Schlossarchiv angeblich verbrannt worden ist. Aber die Geschichte der Dorothea Gurland lebt als Sage fort. Diese mündlichen Überlieferungen sind jedoch viel stärker und intensiver, als man eigentlich glauben möchte. Als wir hierher gezogen sind, erzählten die Leute im Dorf, neben der Schlosskapelle sei früher mal ein Gefängnis gewesen. Im Zuge der Renovierung, stellten wir dann fest, vor etwa zwei-, dreihundert Jahren, hat es an dieser Stelle tatsächlich ein Gefängnis gegeben. Das Schloss war ja auch Gerichtssitz. Auch von Geheimgängen war immer die Rede und bei Maurerarbeiten wurde erst kürzlich einer entdeckt. Wir wissen nicht, wohin der führt, aber er scheint tadellos in Ordnung zu sein. Da kann man immer noch einsteigen.«
»Du, den müssen wir unbedingt mal erkunden!«, wirft Renate Antwerpen ein, »da kann ich doch mit, oder?«

»Sicher, du kannst mit als Wauwau«, schmunzelt Hanreich. »Interessant ist auch, dass ungewöhnlich viele Frauen Besitzerinnen dieses Schlosses waren, starke Frauen. Das beginnt mit der Dorothea Gurland, dann folgte im 19. Jahrhundert eine Freifrau von Weichs. Mit meiner Mutter und mir sind es bisher also vier, von denen wir wissen.«
»Und es wird wieder eine Frau erben«, ergänzt Antwerpen in Anspielung auf Hanreichs Tochter. »Die Wohnungen sind hauptsächlich an Frauen vermietet, der Schlossgeist ist weiblich und auch überwiegend unser Besuch. Das Sagen haben auf Walchen eben die Frauen, ganz eindeutig.«

EIN PAAR MINUTEN EWIGKEIT

Schloss Primmersdorf, Waldviertel, Niederösterreich

Ungefähr zehn Jahre liegt die schlimmste Nacht im Leben von Alexander S. nun zurück, aber er erinnert sich so gut daran, als wäre das alles erst gestern geschehen. Erzählen Menschen ihre persönlichen Erlebnisse mit Spukerscheinungen, klingen diese Berichte meist sehr vage und unspektakulär. Von einem schaurigen Gefühl an bestimmten Orten ist dann oft die Rede, oder von Geräuschen, die sich nicht zuordnen lassen. Ein Klopfen irgendwoher, ohne erkennbare Ursache, bestenfalls Schritte aus Räumen, in denen sich niemand aufhält. Viel seltener schon will man etwas gesehen haben, vorbeihuschende Schemen, vielleicht gar eine schwebende, umrisslose Gestalt. Äußerst spärlich sind Berichte über Phänomene mit deutlichen Konturen, erkennbaren Gesichtszügen etwa oder Kleidungsstücken, die sich einer bestimmten Zeit zuordnen lassen. Auch weiß der Beobachter nur in den wenigsten Fällen zu sagen, wessen Geist ihm begegnet ist. Vielleicht wirken solche Erzählungen gerade deshalb unheimlich. Sie sind außergewöhnlich, entziehen sich einer befriedigenden Erklärung und lassen sich nicht zuordnen.

Was Alexander S. in Schloss Primmersdorf erlebte, muss daher wohl als absolute Rarität bezeichnet werden. Es lässt erahnen, mit welch unglaublicher Kraft sich Verstorbene manifestieren können, wie menschliche Energie anscheinend die Zeiten überdauert.

»Ich wohnte damals im östlichen Teil des Schlosses, im Erdgeschoß, vis-a-vis der Schlosskapelle. Es war ein nettes, kleines Zimmer und ich fühlte mich dort sehr wohl. Wie meistens hatte ich vor dem Einschlafen noch ein Buch zur Hand genommen, bin nach einer Weile müde geworden und aufgestanden um das Licht abzudrehen. Der Schalter befand sich neben der Tür, ich musste mein Bett verlassen, deshalb erinnere ich mich daran. Ich habe es hundertprozentig gelöscht, darauf vergaß ich nie. Stunden später wurde ich wach. Es war taghell im Zimmer. Zuerst, noch im Halbschlaf, dachte ich, es brenne die Deckenleuchte, ich hätte wohl doch vergessen sie abzudrehen. Das war einer dieser logischen Erklärungsversuche, die wohl jeder Mensch in solchen Momenten parat hat. Danach kam gleich der zweite Gedanke, nämlich es wäre bereits Tag und die Sonne scheine zum Fenster herein. Missmutig wollte ich schon aus dem Bett steigen, da erkannte ich, dass erstens die Lampe nicht brannte und es zweitens vor dem Fenster noch stockdunkel war. Ein irritierter Blick auf meinen Wecker – 03:28 in Rot am Display. Das alles hat sich natürlich in wenigen Sekunden abgespielt. Woher kam also das helle Licht, wodurch bin ich aufgewacht? Als ich mich umdrehte um auf die andere Seite zu schauen, da hat mich fast der Schlag getroffen.

Direkt neben meinem Bett, stand ein Mönch, groß und leuchtend weiß. Und er sah direkt auf mich herab.

Mit einem Mal war ich hellwach. Diesen Anblick werde ich mein ganzes Leben lang nicht vergessen, jede Einzelheit habe ich noch immer deutlich vor Augen. Er war recht jung, noch keine zwanzig, würde ich sagen, schien mir nicht gut genährt – dünn, hohle, eingefallene Wangen, die weiße Kutte etwas fleckig, die Kordel um seine Taille an den Enden ausgefranst. Wenn ich heute darüber nachdenke, fasziniert es mich nach wie vor, wie klar, wie plastisch sich diese Erscheinung zeigte. Man konnte jedes Detail erkennen: Die Unterschiede in der Textur der Kleidung, den weichen Flaum des beginnenden Bartwuchses, ja sogar die Poren der Gesichtshaut, alles unglaublich deutlich. Es war wie ein Mensch aus Fleisch und Blut, nur eben aus reinem Licht gemacht. Und ... er hatte die traurigsten Augen, die ich je gesehen habe.

Alle diese Eindrücke gewann ich in wenigen Sekunden, richtiggehend im Schock. Dann begann mein Hirn wohl langsam zu realisieren, dass das alles eigentlich nicht sein dürfte, und ich fühlte plötzlich panische Angst. Nach sekundenlanger Bewegungslosigkeit wandte ich mich ab und fing an zu zittern. Es war ein richtiges

Schloss Primmersdorf – »…wie aus reinem Licht gemacht«

Schütteln, ein Zittern nicht nur der Hände, sondern mein ganzer Körper bebte, ganz tief von innen heraus. Jedes einzelne Härchen stand mir zu Berge. Ich war völlig überfordert mit dieser Situation, saß da in meinem Bett und mein Körper reagierte so extrem, wie ich es nie zuvor erlebt hatte: Heftigste Schweißausbrüche, ich war überall klatschnass, das Wasser lief mir aus der Nase, aus den Augen kamen Ströme von Tränen, als stünden sämtliche Schleusen weit offen. Total hilflos fing ich an zu beten. Später wurde mir auch bewusst, dass ich zu ihm gesprochen habe: ›Bitte geh weg! Lass mich in Ruhe! Ich schaff das nicht, bin zu schwach, ich kann dir nicht helfen ...‹ Irgendwie war mir klar, dass er etwas von mir wollte, Kontakt aufnehmen wahrscheinlich, aber ich war dazu nicht in der Lage, konnte einfach nicht.

Als ich dann nach einer halben Ewigkeit wieder in seine Richtung sah, stand er immer noch da, blickte auf mich herab, traurig und verzweifelt, wie es mir schien. Und dann, ganz langsam, drehte er seinen Körper zur Seite, der Kopf folgte erst zögernd, wie widerstrebend nach, als wollte er mich so lange wie möglich anschauen. Ich hatte wirklich den Eindruck, er *verstand*, dass mich seine Anwesenheit völlig überforderte, dass ich mich nicht so schnell erholen würde und weiteres Warten sinnlos wäre. Schließlich verschwand er – durch die Wand meines Zimmers. Ich fühlte mich nur unendlich erschöpft.«

Alexander S. ist Anfang dreißig, trägt Dreitagesbart und sein dunkles Haar halblang. Er ist Kulturveranstalter und hat viel von der Welt gesehen. Zweieinhalb Jahre lang lebte er etwa bei Navajo-Indianern in New Mexico. »'96 war das; ein Job in Los Angeles war gerade beendet und ich wollte mir das Land anschauen, landete schließlich bei den Navajos und blieb viel länger im Reservat als geplant, habe dort unterrichtet und auch jede Menge von ihnen gelernt. Seither bin ich fast jedes Jahr einmal drüben. Dieser Kontakt reißt nicht ab.«

Das nördliche Waldviertel erinnere ihn in mancher Hinsicht ebenfalls an ein Reservat: »Für mich ein unglaublich spannendes Land, wunderschön und ästhetisch. Ein guter Platz, um mit sich selbst ins Reine zu kommen, vielleicht zum Kern zu gelangen. Ich nutze es als Basis, tanke hier Kraft.«

Das Atelier, in dem Saschas Tee die Nachwirkungen der Anreise dieses feuchtkalten Tages im Spätmärz vertreibt, ist riesengroß, aber trotzdem gemütlich. »Nein, Künstlerkolonie ist nicht ganz treffend. Primmersdorf ist heute eine stille Oase für einige Kreative aus Wien. Es sind nun dreizehn private Wohneinheiten, teilweise gehören sie Prominenten, Leuten aus der Medienbranche, auch Künstlern, die naturgemäß keinen gesteigerten Wert darauf legen, hier gefunden zu werden. Bis auf einige wenige kommen alle nur zu den Wochenenden hierher, um sich zu entspannen oder ungestört ihrer Arbeit nachzugehen.«

Das Schloss selbst, zwischen Drosendorf und Raabs gelegen, erkennt man als solches erst auf den zweiten Blick. Allzu leicht fährt man einfach vorbei. Mehrere, eher schmucklose Gebäude und ein einzelner Turm grenzen an die Straße, daneben ein weitläufiger Park. »Erst nach diesem Erlebnis habe ich begonnen, mich für die Geschichte von Primmersdorf zu interessieren. Seit dem 17. Jahrhundert war es eigentlich weniger ein Schloss, sondern eine Meierei, ein Versorgungsgutshof für das Stift Herzogenburg, mit Kapelle und Abtwohnung, bewirtschaftet von Mönchen, die auch hier lebten. Dort, wo mir der Mönch erschienen ist, lag früher ein Schlafraum der Ordensbrüder. Es waren Augustiner, sie trugen weiße Kutten. Meiner Meinung nach ist damals ein junger Mönch, der aus irgendeinem Grund keine Ruhe findet, einfach zurückgekommen, egal, wen er in diesem Zimmer nun vorfindet. Ich glaube nicht, dass er speziell zu mir wollte. Der Ausdruck dieser Gestalt war von einer solchen Traurigkeit, so zutiefst berührend – bis heute tut es mir einfach Leid, dass ich nicht angemessen reagieren konnte. Ich habe ihn auch nicht als etwas Totes empfunden, als jemanden, der mich aus dem Grab heraus besuchen kommt, eher als eine Erscheinung aus einer anderen, auch physikalischen Dimension. Es war nicht Abscheu meinerseits, sondern schlichte Überforderung, der Körper hat nicht mitgespielt.

Nachdem er verschwunden war, hab ich mich notdürftig gewaschen, musste unbedingt mit jemanden reden, wollte auch nur aus dem Zimmer raus und rannte daher ins obere Stockwerk zu meiner Nachbarin. Die schlug die Hände über dem Kopf zusammen, weil ich scheußlich ausgesehen haben muss und offensichtlich in einem

erbärmlichen Zustand war. Sie realisierte sofort, dass ich mich in einem ziemlichen Schockzustand befand, beruhigte mich, hörte sich meine Geschichte an und, wohl das Wichtigste für mich, sie glaubte mir, hielt mich nicht für verrückt. Nach einiger Zeit war ich dann wieder in der Lage, in mein Zimmer hinunterzugehen. Das Komische dabei: Mein Wecker zeigte 04:11. Seit meinem Erwachen war also kaum mehr als eine halbe Stunde vergangen. Mir ist es wie eine halbe Ewigkeit vorgekommen, in Wahrheit dürfte es aber nur wenige Minuten gedauert haben.
Am nächsten Tag fragte ich alle möglichen Leute, ob sie während der Nacht etwas Ungewöhnliches bemerkt hatten. Aber nur ein Einziger meinte, die Katzen hätten so eigenartig gejammert und er selbst habe eine seltsame Unruhe im Haus wahrgenommen. Davon sei er aufgewacht und dann auf den Hof hinausgegangen. Hinter einigen Fenstern habe noch Licht gebrannt, aber jenes aus meinem Zimmer erschien ihm sehr eigenartig, nicht wie der Schein einer gewöhnlichen Lampe, sondern intensiver und leicht bläulich-weiß.
Die *alten* Bewohner, also jene, die seit Mitte der achtziger Jahre hier leben, erzählten mir später, Einheimische aus der Umgebung hätten immer wieder Andeutungen gemacht, im Schloss solle *irgendetwas umgehen*. Deutlicher seien sie nie geworden. Und auch früher schon hatten Leute hier komische Erlebnisse. Anfangs wurden noch leer stehende Wohnungen an Gäste vermietet. Das war vor meiner Zeit, ich habe nur davon gehört. Damals erzählten Besucher, sie seien nachts zu einer ähnlichen Zeit durch ein seltsames Leuchten vor ihrem Fenster erwacht. Davor verläuft ein schmaler Weg, und als sie rausschauten, habe sich dort etwas Undefinierbares vorbeibewegt, sei in Richtung der Kapelle verschwunden. Sie meinten, es wäre unheimlich gewesen, habe sie nicht an einen Menschen denken lassen. Sie wohnten in einem der ältesten noch erhaltenen Teile des Schlosses, die Mauern sind dort eineinhalb Meter dick. Schließlich gab es immer wieder Leute, darunter Freunde und Bekannte, die sich standhaft weigerten hier zu schlafen und teilweise noch in der Nacht aufbrachen, ohne dass man ihnen gegenüber irgendetwas in dieser Hinsicht erwähnt hätte.«

Abseits von den bewohnten Trakten steht im Schlosspark der 1706 erbaute Schüttkasten, ein mächtiges, dreigeschoßiges Gebäude mit geschwungenem Giebelaufbau. Er wird Jakob Prandtauer zugeschrieben, einem der bedeutendsten Baumeister des österreichischen Barocks. Der ehemalige herrschaftliche Getreidespeicher wird gerade saniert und soll für Veranstaltungen genutzt werden. »Hauptsächlich als Ausstellungsfläche, für klassische Konzerte und Lesungen«, erklärt Alexander. »Er ist als einer der letzten noch im Originalzustand, ohne Nägel im Dachstuhl etwa. An der Fassade findet sich noch das Wappen der Herzogenburger Äbte.
Fest steht jedenfalls, dass die ganze Anlage im Mittelalter eine Festung war, Teil der Wehrkette gegen Böhmen und Mähren, mit Raabs als Hauptburg. In der ganzen Gegend ist massiv Geld in den Bau von Burgen geflossen. Woher dieses Geld kam, darüber lässt sich nur spekulieren, aber möglicherweise stammt es aus den Kreuzzügen, aus dem Vermögen der Tempelritter. Die ganze Umgebung soll von ihnen beherrscht worden sein, in Drosendorf gibt es immer noch ein Templer-Haus. Es gehen auch Gerüchte, die Ruine Eibenstein, gleich in der Nähe von Primmersdorf, habe die Bibliothek und eine geheimnisvolle Experimentierstätte dieses Ritterordens beherbergt. Nachdem diese Kette von Grenzfestungen nicht mehr benötigt wurde, ist die Kirche eingezogen. Was nun die Mönche wirklich ausgerechnet hier getrieben haben, darüber gibt es keine Auskunft. Raum für Spekulationen bleibt auf jeden Fall: War es tatsächlich nur ein Versorgungsgehöft für Herzogenburg, ein relativ weit entferntes Stift, oder haben sie nach etwas gesucht, etwas, das mit der Vergangenheit dieses Orts zu tun hat? Höchstwahrscheinlich ließen sich Antworten auf solche Fragen in den Stiftsarchiven finden, aber aus welchen Gründen auch immer, sobald man nach Unterlagen über Primmersdorf fragt, heißt es dort, es gebe nichts. Und genau das kann ich nicht glauben, denn über viele Generationen lang hat die Kirche hier das Zepter in der Hand gehalten. Erst im 19. Jahrhundert ging das Schloss in Kleinadelsbesitz über. Später wurde das verfallende Gebäude dem Land Niederösterreich überlassen, ehe es in den Achtzigern schließlich wieder in private Hände kam.«
In die Stille hinein dringt das Rauschen der Thaya, die direkt hin-

ter dem Schloss vorbeifließt. Während längerer Regenperioden tritt sie immer wieder über die Ufer, verursacht dann manchmal einen enormen Schaden. Sowohl im Park als auch an den Gebäuden finden sich noch Spuren der letzten Flutkatastrophe 2003. »Unterirdische Wasseradern durchziehen das gesamte Areal, liefern wahrscheinlich nicht gerade die besten Erdenergien. Schon möglich, dass so etwas diese Phänomene begünstigt.

Natürlich habe ich mir immer wieder Gedanken gemacht, warum dieser Mönch ausgerechnet mir erschienen ist, warum er so verzweifelt war. Ich bin damals nicht etwa ausgezogen, sondern sagte mir: Gut, soll es noch einmal passieren, nun kenn ich mich aus, das nächste Mal bin ich bereit, gehe mit und finde den Schatz oder was auch immer er mir zeigen wollte. Ich fürchte aber, es wäre irgendetwas nicht besonders Nettes gewesen.«

HEXENSCHREI UND TOTENTANZ

Schloss Moosham, Lungau, Salzburg

Abgesehen von einem kurzen Zwischenspiel während der Napoleonischen Kriege gehört Salzburg erst seit dem Wiener Kongress, seit 1816, zu Österreich. Zuvor war es ein selbstständiges Reichsfürstentum, alle weltliche und kirchliche Gewalt lag vereint in der Person des Erzbischofs. Dieser *halbe Papst*, wie er seiner Machtfülle wegen auch genannt wurde, schuldete dem Kaiser in Wien nicht mehr Rechenschaft als etwa der Kurfürst von Bayern. Kein Wunder, dass die Ideen der Aufklärung in Salzburg nicht gerade gefördert wurden. Auch die größte Welle von Hexenverfolgungen der Alpenländer fand im Machtbereich des Erzbischofs statt. Fast zweihundert Opfer forderte allein dieser »Zauberer-Jackl-Prozess« zwischen 1675 und 1689, zu einer Zeit, als anderswo im Reich der Hexenwahn bereits abgeebbt war. Die meisten dieser Unglücklichen waren Bettler und Vagabunden, überwiegend Kinder und Jugendliche und, recht ungewöhnlich, männlichen Geschlechts.

Schloss Moosham, auf einem Vorsprung des Mitterberges hoch über dem Murtal gelegen, war über Jahrhunderte hindurch der Sitz des Pflege- und Blutgerichts für den Lungau.

In winzigen, unbeheizten Zellen, so genannten *Keuchen* vegetierten die Beschuldigten oft monatelang ihrem Urteil entgegen. Auch während der kalten Lungauer Winter. *Hexerei, Schadenzauber* und *Teufelsbündnis* lauteten für gewöhnlich die Anklagen. Gestanden die Delinquenten nicht sofort, wurden sie grausam gefoltert. War ihnen erst ein Geständnis abgepresst und überlebten sie die Tortur, dann rollte der Schinderkarren zur Hinrichtungsstätte

am Paßeggen bei Tamsweg, wo der Henker wartete. Enthauptung oder Verbrennung waren die üblichen Todesarten. Dieser Platz ist heute noch zu sehen.
Zwischen 1715 und 1717 rissen Wölfe im Mooshamer Gerichtsbezirk auf den Weiden und in den Wäldern ungewöhnlich viel Wild und Vieh. Zahlreiche Versuche, diese zu jagen, verliefen ergebnislos, geschossen wurde kein einziger. Zwei im Mooshamer Verlies schmachtende jugendliche Bettler gestanden unter der Folter, vom Teufel eine schwarze Salbe erhalten zu haben, hätten sie sich damit beschmiert, wären sie unverzüglich zu Wölfen geworden. Das Urteil lautete lebenslanger Dienst auf venezianischen Galeeren, ein sicherer, aber sehr langsamer Tod.
»Während der Führungen werden zart besaitete Teilnehmer gelegentlich ohnmächtig. Einige können die Energien hier spüren, manche wollen sogar noch die Schreie der Gequälten hören.« Die Folterkammer von Moosham ist auch heute kein angenehmer Ort. Noch immer stehen Martergeräte herum, und dass Alexander Graf Wilczek, ein Hüne von Gestalt, in der angrenzenden Gerichtsstube prüfend das Richtschwert in seinen Händen wiegt, trägt nicht dazu bei, die Stimmung zu heben.
»Ein Gerichtsscherge namens Anton Haidlmayr war besonders grausam. Die Bevölkerung nannte diesen Sadisten nur den *Schörgen-Toni.* Als solcher ist er auch in die Lungauer Sagenwelt eingegangen. In einer stürmischen Nacht soll ihn der Teufel geholt haben, stilgerecht in einer rabenschwarzen Kutsche, von vier Rappen mit rot glühenden Augen gezogen. Seine Kammer, in der er über extravaganten Foltermethoden gebrütet hat, kann noch immer besichtigt werden. Wir haben hier einige Möbel, welche mit, sagen wir einmal, negativer Energie behaftet sind. Unter anderem gibt es einen alten Schrank, in dem früher die Urteile aufbewahrt worden sind. Wenn man diesen Schrank öffnet, strömt einem ungewöhnlich kalte Luft entgegen. Dieses Phänomen lässt sich rational nicht erklären.«
Nach Auflassung des Pflegegerichts Ende des 18. Jahrhunderts verfiel das Schloss, ehe es 1886 der reiche Graf Johann »Hans« Wilczek kaufte. Zuvor hatte er schon die niederösterreichische Ruine Kreuzenstein im romantischen Stil wiedererrichten lassen.

Schloss Moosham, einst Schauplatz grausamer Prozesse gegen vermeintliche Hexen und Werwölfe

Moosham wurde sein zweiter Sanierungsfall. Ursprünglich hatte er auf der Durchreise nur die Vertäfelung aus Zirbelholz eines einzigen Raums erstehen wollen. Sie war nicht verkäuflich, also erwarb er das gesamte Schloss. Die weitläufige Anlage kam seiner Sammelleidenschaft zugute. Möbel, Öfen, Gebrauchs- und Kunstgegenstände, nicht nur aus der näheren Umgebung, machten Moosham schon bald darauf zu einem Museum Lungauer Volkskunde. Hans Graf Wilczek war nicht nur Kunstmäzen und ein Vertrauter des Kaisers, sondern unter anderem auch Hauptsponsor der Österreichisch-Ungarischen Nordpolexpedition von 1872 bis 1874. Auf dem damals neu entdeckten Franz-Joseph-Land trägt eine Insel seinen Namen.

»Moosham hat er besonders geliebt«, erklärt sein Urahn, »hier fanden auch die großen Feste statt, die er gegeben hat. Hochzeiten und Geburtstage in der Familie feiern wir heute noch hier. Im ersten Stock der oberen Burg liegen mehrere Räume, die Trinkstube, das Jagdzimmer, der Speisesaal etwa. Dort geht es nicht mit rechten Dingen zu. Eine Freundin der Familie, Frau Pöllitzer, wird Ihnen später ihre Erlebnisse berichten. Ich kann dazu nur so viel sagen: Nächtliche Schritte dort oben sind überhaupt nichts Ungewöhnliches. Wegen der uralten Holzböden hallen sie auch besonders laut. *Wer* da allerdings rumgeistert, das weiß ich nicht. Tagsüber finden hier Führungen statt, nachts steht das Schloss leer und alles ist abgeschlossen. Haben wir Gäste, so wollen sie nicht hier, sondern im gegenüberliegenden Meierhof übernachten.
Ehemalige Pächter der Schlosstaverne fragten mich eines Tages, was ich in der vergangenen Nacht so spät noch im Museum, also im oberen Stock, getrieben hätte. Die halbe Nacht lang sei da einer rumgerannt mit einer Laterne, sie haben die Schritte gehört und den Lichtschein an den Fenstern. Ich war es allerdings nicht und wohl auch sonst kein Lebender. Eine Kellnerin hatte häufig Weinkrämpfe, weil ihr auf der Treppe wiederholt eine Frau begegnet sei, die sich dann vor ihr in Luft aufgelöst hat.«

Wenig später treffen wir in Graf Wilczeks Wohnzimmer im Meierhof Annemarie Pöllitzer, Frau des örtlichen Gendarmeriekommandanten und Reporterin der *Lungauer Nachrichten*.

»Immer schon wurde gemunkelt, im Schloss wäre es nicht geheuer, aber keiner redet gern darüber«, beginnt die resolute Dame. »Sehr beeindruckt hat mich ein Erlebnis während der achtziger Jahre. Wir waren eine große Runde, etwa zwanzig Leute, und saßen vor der Taverne im Burghof beisammen. Es war schon späterer Abend, aber recht lustig und gemütlich. Da dachte ich mir: ›Wer treibt sich denn um diese Zeit noch in den oberen Stockwerken, im Museum, herum?‹ Es gab ja längst keine Führung mehr. Plötzlich fragte mein Sitznachbar: ›Siehst du das auch, wird da heute was gefeiert da oben?‹ Ein anderer meinte: ›Spinnst? Um diese Zeit?‹ Jetzt wurde uns natürlich ein bisschen mulmig. Über längere Zeit ging das so dahin. Es schien wie ein großes Fest. Man sah flackerndes Licht und sich wie zu einer imaginären Melodie

bewegende Schatten an den Fenstern. Auch Gepolter war zu hören, wie bei einem Fest, aber keine Stimmen. Man sah auch keine Menschen. Dann war das mit einem Mal vorbei und alles wieder völlig ruhig. Wir sprachen noch aufgeregt darüber und eigenartigerweise hatten manche von uns überhaupt nichts davon bemerkt. Für die anderen war das völlig unverständlich. Sie hatten diese Geräusche gehört und ebenfalls den Eindruck gehabt, dort oben finde eine Feier mit vielen geladenen Gästen statt, als ob gelacht, getrunken und getanzt worden wäre.
Letztes Jahr holte ich meine Tochter hier ab, sie machte damals Führungen im Schloss. Wir standen draußen vor der Zugbrücke auf dem kleinen Parkplatz und redeten. Sie wollte noch rasch ihre Zigarette zu Ende rauchen. Es war völlig still und bereits dunkel. Auf einmal hatte ich das Gefühl, es fasst mich jemand an. Meine Tochter warf ihre Zigarette weg und meinte im selben Moment: ›Fahren wir! Mir ist unheimlich, wir sind da jetzt nicht alleine.‹ Man hat niemanden gesehen, wohl aber etwas gespürt. Wir wussten in diesem Augenblick beide, irgendwas ist jetzt um uns, etwas Bedrohliches. Wir sprangen sofort ins Auto und schauten, dass wir weiterkamen.«

Hans Heinrich Graf Wilczek, Alexanders Vater, besucht Moosham selten, aber regelmäßig. »Jedes Jahr zu Weihnachten und im August. Eigentlich glaube ich nicht an Übersinnliches, nur an Dinge, die ich sehen kann, aber diese Schritte im ersten Stock der oberen Burg habe ich schon mehrmals gehört. Anfangs dachte ich an Einbrecher, oder jemand sei während einer Führung vergessen worden. Geht man diesen Geräuschen aber nach, ist niemand zu sehen. Außerdem würden Einbrecher kaum absichtlich solchen Lärm erzeugen. Alle, die regelmäßig abends im Schloss zu tun hatten, kennen diese Schritte, aber die meisten Mitarbeiter gewöhnen sich mit der Zeit daran.
Der *Retter von Moosham*, Hans Graf Wilczek, war mein Urgroßvater. Seiner Familie hat er anfangs diesen Kauf verschwiegen. Es gibt nämlich einen geheimen Raum, das so genannte *Schratt-Zimmer*. Eine Zeit lang soll Katharina Schratt, die Freundin Kaiser Franz Josephs, dort gewohnt haben. Erst als diese, nennen wir

es mal *Liaison*, schließlich vorbei war, hat er seiner Familie erzählt, er habe ein Schloss in Salzburg erworben. Daraufhin fuhren sie hin und feierten ein Fest.

Im Schüttkasten, dem Getreidespeicher, wo früher die Bauern der Herrschaft ihren Zehent abgeliefert haben, sind die Wände des Dachbodens mit einer Menge Reh- und Hirschgeweihe behangen. In langen Reihen hängen dort Trophäen, eingehakt auf Nägeln in der Wand, eine übliche Befestigungsmethode. Trotzdem fand ich immer wieder Geweihe auf dem Boden. Anfangs habe ich mir nichts dabei gedacht und sie eben wieder aufgehängt. Aber mit der Zeit wurde das äußerst seltsam. Einmal lag eine komplette Reihe am Boden. Aber nicht dort, wo sie liegen würden, wären die Geweihe einfach gleichzeitig heruntergefallen, sondern sie bildeten einen Haufen, etwas versetzt. Dort kann niemand hinein, es ist versperrt, auch die Fenster sind vergittert. Ich könnte mir vorstellen, dass es übersinnliche Sachen gibt, nur kann ich damit nicht umgehen.

Am Untersberg auf einer Jagdhütte, eines Abends im November, der Mond stand hell am Himmel und ich wollte gerade zu Bett gehen, da schaut jemand beim Fenster rein. Mit Hut, Bärtchen und Bergstock. Wenn ich zeichnen könnte ... Ich gehe hinaus zu meinem Freund, dem Jäger: ›Du, da draußen steht einer.‹ – ›Geh, so ein Blödsinnn, das schau ich mir an.‹ Wir sind hinaus und versanken bis zu den Hüften im Schnee, kämpften uns bis zu jenem Fenster durch, fanden aber nichts. Auch keine Spuren im Schnee. Am Untersberg sind sehr viele Leute umgekommen und viele wurden nie gefunden. Es gibt dort Dolinen, also tiefe Spalten im Boden.

Ich kann mir eigentlich nicht vorstellen, dass solche Sachen existieren, obwohl ich in diesem Fall wirklich etwas gesehen habe. Das ist ein Widerspruch und er stört mich, weil es nichts Fassbares ist. Vielleicht existieren, ist man ein Christ, arme Seelen, die keine Ruhe finden. Ich weiß es nicht.«

WO GRILLPARZER DIE AHNFRAU FAND

Schloss Greillenstein, Waldviertel, Niederösterreich

Weh, die Ahnfrau! ... ihr kennet nicht die Sage,/Die von Mund zu Munde geht? ... Wie er sich's auch selbst verhehle,/Fühlt's im Tiefsten seiner Seele,/Daß es mehr als Märchen ist ...

»Sehen können sie die wenigsten, deshalb fällt eine historische Zuordnung nicht leicht. Einmal aber wurde sie erkannt. Das war noch im 19. Jahrhundert, da hat es im Küchentrakt des Schlosses gebrannt. Um halb vier in der Früh bemerkte ein Knecht Rauch aus einem Fenster steigen. Er schlug sofort Alarm und alle kamen gerannt um das Feuer zu löschen. Die zwei kleinen Kinder der Familie schliefen nichts ahnend in ihrem Zimmer. Alle waren vollauf mit den Löscharbeiten beschäftigt, und erst als der Brand schließlich unter Kontrolle war, kam ein Kindermädchen auf die Idee, auch mal nach den Kindern zu sehen. Sie fand die beiden aber nicht mehr in ihrem Zimmer vor. Das gab natürlich die nächste Aufregung. Schließlich, es begann schon hell zu werden, fand man sie in der Wiese beim Brunnen im Schlosspark. Wie um Himmels willen sie denn alleine herausgekommen seien? Sie sagten, eine *Tante* wäre die ganze Zeit über bei ihnen gewesen, habe ihnen Geschichten erzählt, und als sie dann zu husten begannen, weil die Rauchentwicklung so stark war, habe diese *Tante* sie auf die Wiese hinausgebracht und dort mit ihnen gespielt. Gerade eben sei sie noch hier gewesen, man müsse sie doch gesehen haben. Aber niemand hatte etwas bemerkt. Daraufhin fragte der Vater, wie diese Dame denn ausgesehen habe, und die Kinder beschrieben sie ihm. Einige Zeit später war der Vater in der Nachbarschaft eingeladen.

Als er in den Salon geführt wurde, ist er ziemlich erschrocken, denn dort hing das Gemälde einer Dame, die genau der Beschreibung seiner Kinder entsprach. Er fragte den Hausherrn, wessen Porträt das denn sei, und erhielt zur Antwort: ›Das musst du doch wissen, das ist deine Vorfahrin.‹ Es handelte sich um Anna von Kirchberg, sie war mit dem zweiten Herrn auf Greillenstein verheiratet gewesen und 1615 gestorben. Die Kinder hatten also ihre Retterin genau so beschrieben wie diese damals schon mehr als zweihundert Jahre tote Ahnin. Das Porträt konnten sie zuvor unmöglich gekannt haben. Erst danach wurde es kopiert und hängt nun auch hier im Schloss.«

Ruhe ward ihr nicht vergönnet,/Wandeln muß sie ohne Rast, .../ Und wenn Unheil droht dem Hause,/Sich Gewitter türmen auf,/ Steigt sie aus der dunklen Klause/An die Oberwelt herauf ...

»Diese Geschichte ist innerhalb der Familie überliefert und meines Wissens nach bisher nicht niedergeschrieben worden. Der Brand damals ist belegt, die genaue Jahreszahl ließe sich herausfinden. Dass eine Ahnfrau ihre schützende Hand über die Familie legt, erzählt man sich schon seit Jahrhunderten. Es heißt, sie kontrolliert immer, ob auch alle Türen und Fenster verschlossen sind. Das ist bisweilen hörbar, gelegentlich spürt man auch ihre Präsenz und immer wieder wollen Menschen sie an einem der Fenster stehen gesehen haben.«
Das Läuten ihres Handys unterbricht die Ausführungen von Elisabeth Gräfin Kuefstein. »Nein. Du ziehst dir normale Schuhe an! Rollerblades dulde ich nicht im Schloss!« Der Ton dieses telefonischen Gebots an ihren Nachwuchs kann nicht als Schimpfen bezeichnet werden, er fällt nur etwas bestimmter aus als gewöhnlich. Die Sprache der geborenen Prinzessin von Bayern ist kultiviert und vor allem sehr ruhig. Aufgeregtheit, in welcher Form auch immer, scheint ihr völlig fremd zu sein.
An diesem Samstag im April empfängt sie gerade simultan:
1. Ein Team vom ORF Radio, das eine beliebte Regionalsendung hier aufzeichnet, 2. eine Gruppe Senioren aus der näheren Umgebung – Stammhörer ebendieser Sendung – und 3. zwei Besu-

cher, die seltsame Fragen über die gräflich Kuefstein'sche Ahnfrau stellen. Neben ihren Aufgaben als Gastgeberin erledigt sie quasi en passant die täglich anfallenden Routineangelegenheiten als Schlossmanagerin und bewältigt alle Herausforderungen, die ihr Dasein als fünffache Mutter mit sich bringen. Der Jüngste ist gerade drei, die Kleinste sieben und die verbleibenden drei Töchter allesamt im Teenageralter. Die konsequent stoische Gelassenheit der Wittelsbacherin, seit achtzehn Jahren mit Andreas Ferdinand Graf Kuefstein, dem fünfzehnten Herren auf Greillenstein, verheiratet, beeindruckt nachhaltig.

Oder dieser Halle Dunkel/Matt vom Kerzenlicht erhellt. ... Doch in jenem Augenblicke/Konnt' ich nur mit Schreck und Grauen/ Das verzerrte Wahnbild schauen.

»Kommen Sie mit, ich zeig Ihnen jetzt unsere Ahnfrau.« Das ORF-Team scheint beschäftigt, die Stammhörer der beliebten Regionalsendung sind mit allem Nötigen versorgt, also führt Elisabeth Maria Anastasia Gräfin Kuefstein ihre Besucher in die Greillensteiner Gewölbe. Eine Treppe hinab, einen dunklen Gang entlang, über finstere Stufen weiter in den Untergrund, und wirklich, dort um die Ecke, hinter einem Fenster, steht sie leibhaftig: Eine bleiche Frauengestalt, violett illuminiert.
»Einmal im Monat veranstalten wir eine geführte Geistertour bei Kerzenlicht durch die normalerweise nicht zugänglichen Bereiche des Schlosses. Es ist jedes Mal aufs Neue eine beeindruckende Erfahrung. Man hat dann das Gefühl, jedes Bild schaut einem nach und längst erloschene Generationen wären um einen versammelt.«
Wieder an der Oberfläche bietet sich im Innenhof die Gelegenheit, zwei Grillparzer-Gedenkräume zu besichtigen. Büsten, Porträt-Kopien und ein Orignial-Vierzeiler auf einem Kuvert erinnern an den Dichter. Fest steht, dass der sechzehnjährige Franz Grillparzer hier zumindest einen Sommer verbracht hat. Das belegt ein Brief an seine Mutter vom 10. September 1807:
... Sonnabends bin ich glüklich in Greillenstein angekommen, Der ... Verwalter samt seiner Frau empfiengen mich aufs beste ... Beyde

sind sehr gute und liebe Leute und thun alles was sie nur denken, dass es mir Freude machen könnte. Ich bin sehr vergnügt, denn die Gegend hier herum ist herrlich, und ich habe alles, was ich nur wünschen kann ...

Seine viel ältere Cousine war mit dem Schlosserwalter verheiratet. Diese Familienbande boten eine günstige Gelegenheit, zumindest über den Sommer, der Enge Wiens und dem rattengeplagten Elternhaus am Bauernmarkt zu entfliehen.

Grillparzers *Ahnfrau*, wie sein Biograf Auernheimer schreibt, ist aus zwei *ranzigen Erzählungen entstanden, die sich als das, was sie sind, schon im Titel deutlich zu erkennen geben. Die eine ist das aus dem Französischen übersetzte »Leben des Räubers Mandrin« des Abbé Regley, die andere ist, noch aufrichtiger, »Die blutende Gestalt mit Dolch und Lampe oder die Beschwörung im Schlosse Stern bey Prag« überschrieben und nennt, ihrer Unwürdigkeit sichtlich bewußt, überhaupt keinen Verfasser.* Zwar kannte der künftige Klassiker und österreichische Nationaldichter die personifizierte Zerrissenheit zwischen Bewahrung des Althergebrachten und gleichzeitigem Einsehen notwendigen Fortschritts, die alten Griechen im Original, las aber ebenfalls damals so populäre »Gothic Tales«, Schauermärchen. *Kein Freund der »Bildungsdichter«, wie er von sich selber sagt, wußte er, daß Leben nur aus Leben entsteht, auch das Leben der Bühne. Darum war ihm das Naive, dem eine zeugende Kraft innewohnt, wichtiger als das Intellektuelle.*

Und warum sollten ihn während eines langen Sommers nicht auch Motive inspirieren, die er in Greillenstein vorfand: Eine vielleicht nicht nur in der Familientradition umgehende Ahnfrau, tiefe Keller, düstere Gewölbe und nicht zuletzt eine dramatisch brauchbare Episode in der Familiengeschichte der Kuefsteins, auf die Gräfin Elisabeth verweist, nachdem das Radioteam verabschiedet ist und sie ihre Besucher in der zum Wohnhaus adaptierten ehemaligen Schlossgärtnerei empfängt.

... die Ahnfrau Eures Hauses,/Jung und blühend noch an Jahren,.../Von der Eltern Hand gezwungen,/Zu verhaßter Ehe Bund,/Sie vergaß ob neuen Pflichten/Langgehegter Liebe nicht;/

Schloss Greillenstein – »Öffne dich, du stille Klause,
Denn die Ahnfrau kehrt nach Hause!«

In den Armen ihres Buhlen/Überfiel sie der Gemahl./Durstend seine Schmach zu rächen,/ Straft' er selber das Verbrechen/Stieß ins Herz ihr seinen Stahl,...

Susanna Maria Gräfin Kuefstein war siebzehn Jahre alt, als man sie 1648 mit Jan von Werth verheiratete. Dieser berüchtigte Haudegen des Dreißigjährigen Kriegs, *vom Rhein* gebürtig, war um einundvierzig Jahre älter. Die heutige Schlossherrin erzählt die Episode mit gewissem Understatement:
»Das war keine sehr glückliche Ehe, weil sie mit dem alten Mann natürlich nicht sehr viel am Hut hatte. Er war General, relativ viel unterwegs, und als er eines Tages von einem Kriegszug nach Hause kam, fand er sie hochschwanger vor. Nachdem das bereits seine

dritte Ehe war, wusste er schon, wie lange eine Schwangerschaft dauert, und dass das kaum mit rechten Dingen zugehen konnte. Restlos überzeugt war er aber nicht, also fing er an nach Beweisen zu suchen. Schließlich fand er sehr eindeutige Briefe in ihrem Nachtkästchen. Darüber ärgerte er sich wahnsinnig, erlitt einen Schlaganfall und lebte noch drei weitere Tage. Selbst hatte er nie Schreiben und Lesen gelernt, also diktierte er noch schnell seinem Kaplan ein neues Testament, worin er seine Frau enterbte. Nach seinem Tod hat sie dieses angefochten mit der Begründung, er sei nicht mehr zurechnungsfähig gewesen. Letztendlich bekam sie Recht.

Grillparzers Drama baut ja darauf, dass diese Ahnfrau nicht zur Ruhe kommen kann, weil sie ihrem Mann ein fremdes Kind untergeschoben hat. Ruhe findet sie erst, wenn die Nachkommen dieses Bastards nicht mehr existieren.«

Ob Grillparzer von Schloss Greillenstein und seiner Geschichte letztendlich zu seinem 1816 geschriebenen Erstlingswerk inspiriert wurde oder nicht, darüber streiten Literaturwissenschaftler. Die Geschichte der Grafen Kuefstein jedenfalls enthält noch einen weiteren interessanten Fall: Der neunte Herr auf Greillenstein, Johann Ferdinand II., Freimaurer und Alchimist, beschäftigte sich einst mit recht unheimlichen Experimenten.

»Er hatte Mitte des 18. Jahrhunderts nicht wie andere Alchimisten das Verlangen, aus minderer Materie Gold herzustellen, sondern er wollte Homunculi züchten, also künstliche Menschen. Angeblich soll es ihm gelungen sein, denn es existieren Briefe von Mitgliedern seiner Loge, er habe ihnen diese Homunculi vorgeführt und sie sollen Weissagungen gemacht haben. Wo das passierte, da gehen die Quellen auseinander. War es Greillenstein oder Schloss Viehofen in St. Pölten, man weiß es nicht genau. Die Homunculi lebten angeblich in mit Weihwasser gefüllten Gläsern und sollen es irgendwie geschafft haben, daraus zu entkommen.

Der Graf ließ daraufhin eilig sein Labor vermauern und kehrte, um sein Seelenheil besorgt, diesem Treiben den Rücken. Er starb in Frieden, und das ist wahrscheinlich der Grund, warum er nicht geistert, obwohl das passen würde. Allerdings heißt es, diese Homunculi würden im Keller des Schlosses ihr Unwesen treiben.«

Seit Jahrhunderten unerklärlich: die Spur des Henkerswagens

Vor des Blutgerichtes Schranken/Richtet man nicht die Gedanken,/ Richtet man nur ob der Tat! ... Du, mein Gott, wirst gnädig richten,/ Und ein Herz nicht ganz vernichten,/Das in Angst und Reue schlägt ...

Bis zur Aufhebung der Grundherrschaft 1848 war Greillenstein auch Gerichtssitz. Von Kaiser Ferdinand II. erhielten die Grafen Kuefstein 1634 die hohe Gerichtsbarkeit und somit das Recht, Todesurteile zu vollstrecken. Noch heute sind die Protokolle in der erhalten gebliebenen Registratur aufbewahrt. Eines dieser Urteile, vor mehr als zweihundertfünfzig Jahren vollstreckt, hat Nachwirkungen bis in unsere Zeit.

»Franz Leitner war um 1740 Gärtner hier auf Greillenstein. Eines Sonntags war seine Braut von ihrem Spaziergang nicht zurückgekehrt und blieb verschwunden. Ein Zeuge fand sich, der aussagte, er habe Franz Leitner zuletzt mit ihr in Richtung eines Fischteichs gehen sehen. Im Herbst, als dann der Teich ausgelassen wurde, fand man ihre Leiche auf dem Grund. Ein Stein war ihr um den Hals gebunden. Man stellte Franz Leitner vor Gericht, er beteuerte seine Unschuld, aber wegen der Zeugenaussage glaubte man ihm nicht. Ohne Geständnis durfte niemand hingerichtet werden, die Mittel, um ein solches zu erwirken, waren aber nicht sehr human. Leitner wurde zum peinlichen Verhör geführt, aber auch unter der Folter blieb er standhaft. Die Foltermethoden verschlim-

merten sich und schließlich gestand er doch und wurde zum Tode verurteilt. Bis so eine Hinrichtung vorbereitet war, dauerte es aber einige Zeit, und so saß er im Verlies und flehte zu Gott, er möge doch ein Zeichen setzen, das seine Unschuld beweist. Es kam aber kein Zeichen. Schließlich wurde er auf einem Schinderkarren durch die alte Allee hindurch zur Hinrichtung gefahren. Als der Wagen über das freie Feld vor dem ehemaligen Schlosstor rollte und Leitner bereits die Richtstätte sehen konnte, rief er neuerlich Gott um ein Zeichen an. Wieder kam kein Zeichen und er wurde geköpft. Ein Jahr später veränderte genau dort, wo der Schinderkarren entlanggefahren war, das Gras seine Farbe, so als ob die Spur zum Mahnmal werden sollte. Dieses Phänomen kehrte immer wieder und war auch nicht wegzubekommen.
Heute ist diese Wiese ein Kornfeld, Jahr für Jahr wird es beackert, und sobald das Korn zu wachsen beginnt, überragen die Halme in dieser Spur die übrigen bald um bis zu einen halben Meter. Beim ersten Gewitter im Juni, wenn dann der Wind hineinfährt in die Ähren, knicken die zu hoch geratenen und es scheint, als wäre der Henkerswagen eben erst hindurchgerollt. Entlang dieser Spur kann man deshalb auch nichts ernten. Dieser Streifen wird immer fruchtlos bleiben.«
Die Gräfin zeigt Satellitenaufnahmen vom Schloss und der nächsten Umgebung. »Sehen Sie, die Spur ist deutlich erkennbar. Das sind heute bäuerliche Felder, relativ schmale, vor dem ehemaligen Schlosstor am Ende der alten Allee. Bereits beim Nachbarfeld, etwa nach fünfzig, sechzig Metern, beginnt diese Spur sich zu verlaufen.«

DIE SELTSAMEN EXPERIMENTE DES DR. HELBICH

Waldviertler Geisterwerkstatt, Niederösterreich

Seit Stunden schon ist die einsame Wanderin unterwegs auf menschenleeren Waldwegen. Nicht mehr lange, dann wird es dunkel und auch der Nebel scheint immer dichter. Das Gesicht schmerzt von der klirrenden Kälte, auf den Füßen bilden sich erste Blasen. Da entdeckt sie, noch in einiger Entfernung, die Silhouette einer kleinen, dunklen Gestalt. Die Wanderin ist verwundert. Dass so spät noch jemand unterwegs ist, in diese Richtung? Sie selbst hat den Rückweg völlig unterschätzt, wäre ansonsten längst schon in ihrer Pension und froh, nicht mehr vor die Tür zu müssen. Einen Moment lang steigt Angst in ihr hoch, dann beruhigt sie sich aber schnell: Ein Räuber, ein Mörder würde hier wohl kaum auf seine Opfer warten. Es könnte lange dauern, bis zufällig jemand vorbeikommt.

Als sie sich der Gestalt nähert, erkennt sie einen kleinen, bärtigen, seltsam altmodisch gekleideten Mann. Die Wanderin murmelt »S'Gott«. Der Fremde erwidert freundlich ihren Gruß und fragt dann unvermittelt, wie es dem Schneider X. denn so gehe?

Sie sei nicht aus der Gegend, schüttelt die Angesprochene den Kopf, kenne auch niemanden hier. »Wissen Sie vielleicht, wie spät es ist?«, setzt der kleine Mann die Unterhaltung fort. Die Wanderin kann das Zifferblatt ihrer frostbeschlagenen Uhr nicht erkennen. Doch die Frage hat sich bereits erübrigt, denn als sie wieder aufblickt, ist ihr Gegenüber verschwunden. Wie vom Erdboden verschluckt.

Diese Gestalt, der schon so mancher rund um St. Leonhard am Hornerwald begegnet sein will, wird dem Arzt Dr. Wilbald Helbich zugeschrieben. Heute weiß man nur noch wenig über den kauzigen Fremden, nur, dass er seinerzeit aus Wien hierher gekommen war und Jahrzehnte zuvor sogar Privatlehrer des jungen Kaisers gewesen sein soll. Er lebte und arbeitete Mitte des 19. Jahrhunderts im heutigen Wolfshoferamt bei St. Leonhard. Die unheimlichen Geschichten, die ihm Einheimische damals hinter vorgehaltener Hand zuraunten, belustigten ihn anfangs nur, er tat sie ab als abergläubische Ausgeburten eines rückständigen Landvolks. Von Elfen, Kobolden und Geistern war die Rede, von Hexen, Irrwischen und dem Graumandl.

Aber bald schon dachte der Landarzt anders darüber und zunehmend faszinierte ihn das verschüttete Wissen aus uralten Zeiten, er wurde regelrecht davon besessen. Damals begann der Arzt mit seinen »paranormalen Investigationen« und er entdeckte ein vierhundert Jahre altes, weit verzweigtes Höhlensystem unter den letzten Ausläufern des legendären Nordwalds, einen Hort geheimen Wissens und magischer Gegenstände. Waren nicht jahrhundertelang Zauberkundige und Verfolgte in diese Gegend geflüchtet um den Nachstellungen zu entgehen?

Mehr und mehr zog sich Helbich zurück, studierte die überlieferte Kunst von Gauklern und Medien, vermischte sie mit seinen eigenen mystischen Experimenten. Hinter verschlossenen Türen hielt er Geisterbeschwörungen ab und dokumentierte diese anfangs minutiös. Mit der Zeit wurden seine Notizen seltener, dafür immer eigentümlicher.

– Ich muss die Bücher vernichten. Alles verbrennen, auch jene, nach denen ich so lange suchen musste. Heute Nacht –

Hier endet der letzte Eintrag abrupt, denn die nachfolgenden Seiten seines Tagebuchs wurden herausgerissen. In der Nacht zum 22. Dezember 1878 verschwand Dr. Wilbald Helbich unter mysteriösen Umständen.

Warum, wohin? Niemand weiß das so genau, es lässt sich auch nicht mehr rekonstruieren. Merkwürdige Gerüchte um sein spurloses Verschwinden halten sich jedenfalls bis heute.

»Ich persönlich glaube, die Einheimischen haben ihn heimlich umgebracht, weil ihnen seine Machenschaften irgendwann zu unheimlich wurden«, meint Leonhard Kubizek alias »Iroka«. Dieses Pseudonym haben ihm vor einigen Jahren Japaner gegeben und er benutzt es noch immer als Künstlernamen. Der Achtunddreißigjährige ist Mentaltrainer, Musiker und der Besitzer von Helbichs Notizbuch.

Zumindest behauptet er Letzteres, denn zeigen möchte er die Aufzeichnungen niemandem. Man kann ihm nun Glauben schenken oder auch nicht. »Ich bin davon überzeugt, dass sich der mystische Grad einer Geschichte über Geheimhaltung definiert. Ich baue ja auch nicht auf einem geheimen Platz eine dreispurige Autobahn hin«, erklärt Kubizek.

Egal ob das Tagebuch Dr. Helbichs immer noch existiert oder nicht, seine Geschichte zieht sich wie ein roter Faden durch die Veranstaltungen der *Waldviertler Geisterwerkstatt*. Im kleinen Ort St. Leonhard gründete Iroka vor wenigen Jahren diese Dokumentationsstätte regionaler Überlieferungen. Bei einem 1790 erbauten Gasthof, an einem Platz, der in alten Schriften noch als *nidus veneficae*, »Rückzugsort der Zauberei« bezeichnet wurde. Weder ist diese Waldviertler Touristenattraktion ein typisches Museum noch eine Art Geisterbahn. Der Zugang des wieder heimgekehrten Globetrotters Iroka zum Mystischen und Unerklärlichen ist subtiler.

»Zunächst sammelten wir authentische Geschichten und geheimnisvolle Gegenstände aus der Umgebung. Das zusammengetragene Material war dann so hochgradig spannend und vielfältig, dass wir uns geeignete Methoden der Präsentation überlegten. Würde man jede einzelne dieser Erzählungen streng wissenschaftlich untersuchen, dann würde sich wahrscheinlich vieles in Luft auflösen, aber liegt das nicht in der Natur der Sache?

Die Frage, ob denn die unzähligen Fabelwesen wirklich existieren, kann und mag Iroka nicht beantworten.

»Es gibt vielschichtige Möglichkeiten, ein Phänomen zu deuten Vieles war vielleicht nur eine Simplifizierung der Einheimischen, die dadurch ihre eigene Symbolik gefunden haben. Aber genau diese Geschichten, die der Vater vom Großvater gehört hat, und der erzählte es wieder seinem Nachbarn, die interessieren uns. Diese Dinge sollen nicht in Vergessenheit geraten. Aber wir können und wollen keine High-Tech-Show wie der David Copperfield veranstalten. Deshalb denkt sich heute vielleicht eine alte Frau: ›Warum soll ich erzählen, dass da drüben immer ein Mann gestanden ist? Der ist nur dort gestanden und hat nichts gemacht. Keiner hat ihn gekannt, und wenn man hingegangen ist, war er verschwunden. Wozu soll ich das in der heutigen, modernen Zeit erzählen? Wen interessiert das schon?‹ Und genau da haken wir ein, betrachten es als Aufgabe, dass dieses alte Wissen nicht verschüttet wird. Denn das sind die echten, die wirklichen Erlebnisse und sie sind viel feiner und subtiler als irgendwelche künstlich inszenierten.«

Es scheint tatsächlich zunehmend schwieriger, die Aufmerksamkeit der von Copperfield und Co. gesättigten Gesellschaft noch auf Ursprünglicheres, weit weniger Spektakuläres zu ziehen. Dieses Problems ist sich Kubizek bewusst.

»Natürlich sage ich nicht zu meinen Gästen: ›Meine sehr geehrten Damen und Herren, nun kommt die Geschichte, wo ein Mann rumgestanden ist.‹ In dieser Form ist das uninteressant. Aber fast jeden bewegen die entscheidenden Fragen des Lebens: ›Warum sind wir hier, was machen wir da und wohin gehen wir?‹ Das ist die Essenz, und wer sich dem stellt und diese Frage nicht mit Multimedia zudröhnt, ist wohl auf dem richtigen Weg.

Im Winter haben wir Teezeremonien abgehalten. Während der Tee zubereitet wurde, durften die Teilnehmer eine Dreiviertelstunde lang nicht reden. Jeder hat sich mit den Kräutern auseinander gesetzt um die Sensibilität zu steigern. Man hat gehört, wie das Wasser langsam zu kochen begann, man hat gerochen, geschmeckt, gefühlt, alle Sinne wurden angeregt. Die Leute gingen nachher hinaus und jeder nahm sich etwas anderes mit. Manche sagten gleich zu Beginn: ›Das gefällt mir, das genieße ich jetzt‹, während ein anderer meinte: ›Wann kommt denn jetzt endlich die Erfahrung?‹ Dann gab er endlich auf, weil nichts mehr gekommen ist. Später hat er gemerkt: ›Genau das ist die Erfahrung.‹

Erkenntnisse muss jeder für sich selbst gewinnen. Niemand kann Wunder wirken. Manchmal, wenn ich vor Fernsehkameras meine Experimente vorführte, riefen mich nach der Sendung alle mögli-

An der Wand links hängt sein Porträt, Dr. Helbich selbst bleibt spurlos verschwunden

chen Leute an und wollten, dass ich ihnen die Zukunft voraussage oder ihre Krankheiten heile. Die haben offenbar geglaubt, dass ich über echte Zauberkräfte verfüge. Die überschätzen mich absolut. Ich habe lange Zeit versucht, diesen Irrtum aufzuklären, aber viel bringt es nicht. Die Leute glauben sowieso, was sie wollen.«

Mehrmals im Monat wird in der Werkstatt *Dr. Helbichs Geisterdinner* inszeniert. Genau nach den Anweisungen, die der Verschollene hinterlassen hat, wie Kubizek betont. »Meinen Gästen sage ich immer: ›Alles, was wir heute Abend machen, ist nachgestellt, rekonstruiert, nicht echt. Aber damit wir das Gefühl bekommen, wie es vor hundertfünfzig Jahren war, tun wir alle so, als hätte ich das eben nicht gesagt.‹«

Also alles nur ein großer Fake? Iroka schüttelt den Kopf. »Nein. Natürlich kann es zu einer Geistererscheinung kommen. Aber wenn ich jetzt etwa bei einem Schloss anläute: ›Bitte, ich möcht heute den Geist treffen‹, dann funktioniert das hundertprozentig

nicht. Andererseits jedoch man kann die Geisterwerkstatt besuchen und wir fahren gemeinsam nach Ottenstein oder Greillenstein, stellen in diesen Schlössern ein Modell nach und bereiteten es auf. Das erscheint dann, grüßt und verschwindet wieder.«
Ein künstlicher Geist auf Abruf? Viele Menschen lassen sich Monat für Monat von Kubizek durch die verbotenen Gänge und Keller der beiden Schlösser führen, wo sie bei flackerndem Kerzenschein Momente der Gänsehaut erhoffen.
»Jeder hat schon einmal in seinem Leben ein unheimliches Gefühl verspürt, und wenn es in der Kindheit war. Aber eigentlich ist es doch egal, ob der Auslöser ein echter Geist oder die Nachbarskatze war. Wichtig ist, dass sich diese einzigartige Stimmung in unserem Kopf einprägt.«
Aber was ist mit all jenen, die bereits einen Verstorbenen in der einen oder andern Form wahrgenommen haben? Was ist mit den anderen, die für sich selbst so eine Begegnung mit dem Übersinnlichen herbeisehnen?
»Die meisten unerklärlichen Phänomene tauchen doch in dem Moment auf, wenn der Betroffene am wenigsten damit rechnet.
Ich kann keinen Geist in eine Falle locken. Er kommt nicht, wenn man sich hinsetzt und darauf wartet. Und falls er doch kommt, dann ist es sicher kein realer. Sobald mir jemand verspricht, genau in dem Augenblick, in dem ich komme, wird ein echter Geist erscheinen, dann ist es ganz sicher ein Fake. Wenn ich aber dafür bereit bin und mich nicht verschließe, passiert mir vielleicht etwas, das mein Fassungsvermögen übersteigt. Das ist dann meine ganz persönliche Erfahrung, die mir niemand nehmen kann.«

Kleiner Reiseführer

Schloss Bernstein, Burgenland
(*»Schlosshansl« und »Böse Kathl«*)
Besuchern wird gegen Voranmeldung in der Regel eine Besichtigung der Außenmauern geboten und ein Rundgang durch den Burggarten. Der Innenbereich ist ausschließlich Gästen des Hotels vorbehalten. Die zehn Gästezimmer sind authentisch möbliert.
Schlosshotel Bernstein, Schlossweg 1, 7434 Bernstein

Tel:	+43-(0)664/210 02 37
Fax:	+43-(0)3354/656 52 0
Internet:	www.burgbernstein.at
E-Mail:	burgbernstein@netway.at

Schloss Tratzberg, Unterinntal, Tirol
(*Der letzte Gruß des schönen Ahnen*)
Besichtigung nur mit Führung (tägl. 10–16 Uhr). Spezielle Angebote für Kinder. Vom Parkplatz bringt der »Tratzberg-Express« die Besucher zum Schloss. Fahrtdauer: ca. 8 Minuten, zu Fuß ca. 20 Minuten. Von Mai bis Oktober kann man Räume für Festivitäten mieten.
Schloss Tratzberg, 6200 Jenbach

Tel:	+43-(0)5242/635 66
Fax:	+43-(0)5242/635 66-44
Internet:	www.schloss-tratzberg.at
E-Mail:	info@schloss-tratzberg.at

Schloss St. Georgen am Sandhof, Klagenfurt, Kärnten
(*Wer spukt auf Zimmer 35?*)
St. Georgen beherbergt ein 4-Sterne-Hotel. Besichtung von Kapelle und Teilen des Schlosses auf Anfrage und mit Rücksichtnahme auf den Hotelbetrieb möglich.

Hotel Schloss St. Georgen, Sandhofweg 8, 9020 Klagenfurt
Tel: +43-(0)463/468 49
Fax: +43-(0)463/468 49-70
Internet: www.schloss-st-georgen.at
E-Mail: kuess@aon.at

Barockschloss Riegersburg, Waldviertel, NÖ
(Ein Fürst ohne Erben, und ein Graf ohne Kopf)
Besichtigungen und Führungen täglich. Öffnungszeiten 9–17 Uhr (1. April bis 15. November). Konzerte, Ausstellungen. Räumlichkeiten können für Veranstaltungen gemietet werden.
Barockschloss Riegersburg, 2092 Riegersburg 1
Tel: +43-(0)29 16 400
Fax: +43-(0)29 16 400-32
Internet: http://riegersburg.museum.com/riegersburg.htm
E-Mail: pilati@eunet.at

Schloss Trautenburg, »Rebenland«, Weststeiermark
(Die Wilde Jagd)
In der Regel keine Führungen. Jährliches *Wein-Kulinarium* im Schloss, bei dem regionale Winzer ihre Produkte präsentieren.
Internet: http://www.rebenland.at

Schloss Schönbrunn, 13. Bezirk Hietzing, Wien
(Kaiserliche Hofgespenster)
Verschiedenste Besichtigungsvarianten, z. B. *Grand Tour* (40 Prunkräume, inkl. Tonbandgerät, Dauer ca. 50 Minuten). Die Öffnungszeiten des Schlosses variieren je nach Jahreszeit.
Kultur- und Betriebsges.mbH, 1130 Wien
Tel: +43-(0)1/811 13-239
Fax: +43-(0)1/811 13-333
Internet: www.schoenbrunn.at
E-Mail: schauraeume@schoenbrunn.at

Schloss Walchen, Salzkammergut, Oberösterreich
(*Die Frauen von Walchen*)
Das Schloss selbst ist nicht zu besichtigen. Im Schlosspark befindet sich das *Kinderwelt-Museum* (1. Mai – 1. Oktober, tägl. 10–17 Uhr). Ab Westbahnstation Vöcklamarkt fährt ein Bummelzug nach Walchen.
Schloss Walchen, 4870 Vöcklamarkt

Tel:	+43-(0)76 82/62 46
Internet:	http://members.a1.net/kinderwelt/
E-Mail:	e.hanreich@a1.net

Schloss Primmersdorf, Waldviertel, Niederösterreich
(*Ein paar Minuten Ewigkeit*)
Das Schloss selbst wird privat bewohnt und ist nicht zu besichtigen. Der Schüttkasten im Schlosspark wird als Kulturzentrum (Konzerte, Ausstellungen, Workshops, Seminare) genutzt; die Räume sind zu mieten.
Verein Schüttkasten Primmersdorf, 2095 Primmersdorf

Tel:	+43-(0)28 46/207 17
Internet:	www.notar-frey-freyenfels.at/primmersdorf.htm
E-Mail:	schloss.primmersdorf@aon.at

Schloss Moosham, Lungau, Salzburg
(*Hexenschrei und Totentanz*)
Im Sommer (1. April – 1. Okt.) täglich mehrmals Führungen; im Winter zwischen 11 und 14 Uhr, ab sechs Personen. Angrenzendes Wirtschaftsgebäude mit ausgebauten Appartements.

Kontakt:	Alexander Wilczek, 5570 Mauterndorf
Tel:	+43-(0)64 76/305
Internet:	http://web.utanet.at/schloss.moosham
E-Mail:	wilczek@utanet.at

Renaissanceschloss Greillenstein, Waldviertel, NÖ
(*Wo Grillparzer die Ahnfrau fand*)
Täglich Führungen (ab zwei Personen) durch die Prunkräume des Schlosses vom 1. April bis 31. Oktober, 9.30 bis 17 Uhr. Räume werden für Kulturveranstaltungen und Feste vermietet. Spezial-Führung mit historischer Gerichtsverhandlung (unter aktiver Beteiligung der Besucher). Jeden letzten Freitag im Monat führt die *Geistertour* bei Kerzenlicht in Bereiche des Hauses, die sonst für Besucher nicht zugänglich sind. Für Gruppen ab zehn Personen ist die Geistertour jederzeit möglich. Bei Einbruch der Dunkelheit geht es los. Spezielle Angebote für Kinder.
Museum Schloss Greillenstein, PF 3592, 3592 Röhrenbach
Tel: +43-(0)29 89/ 80 80-0
Fax: +43-(0)29 89/80 80-13
Internet: www.greillenstein.at
E-Mail: über die Homepage

Waldviertler Geisterwerkstatt
(Die seltsamen Experimente des Dr. Helbich)
Alles rund um die Waldviertler Geister: Geister-Dinner, Helicopter-Rallye, Grusel-Weekend, Kinder-Special: Zauberschule und Hexenküche. Termine erfragen. Die Geisterwerkstatt selbst ist täglich von 10 bis 18 Uhr geöffnet.
Geisterwerkstatt, Wolfshoferamt 38, 3572 St. Leonhard
Tel. +43-(0)29 87/2893
0800 208 777 (kostenlose Geisterhotline)
Internet: www.geisterwerkstatt.at
E-Mail: info@geisterwerkstatt.at

Die folgenden Schlösser und Burgen werden privat bewohnt. Besichtigungen und Führungen sind **nicht** möglich:

Schloss Grünau, Waldviertel, Niederösterreich
(***Zu Pfingsten zwischen Traum und Tag***)

Therasburg, Waldviertel, Niederösterreich
(***Die Geisterkutsche***)

Schloss Eggendorf, Hausruckviertel, Oberösterreich
(***Unheimliche Festbeleuchtung***)

Schloss Ladendorf, Weinviertel, Niederösterreich
(***Schwarze Frau im weißen Schnee***)
Das Schlossareal ist wegen akuter Einsturzgefahr gesperrt.

Anmerkungen

Zu Schloss Bernstein: Die *Weiße Frau* als Fotomodell

Über die Geschichte dieser Aufnahme schreibt Bruno Grabinski 1953 (zu Literatur und Quellen siehe Seite 189) sinngemäß:
Die Orignialberichte der Augenzeugen, welche A. von Gyömerey großteils unter Wahrung ihrer Anonymität in seinem Buch verwendet hat, stellte er danach zusammen mit den Fotografien und Platten dem Münchner Parapsychologen Baron von Schrenck-Notzing zur Verfügung. Weil Schrenck-Notzing erkrankte, bat dieser den »bekannten Spukforscher« J. Illig, das Material zu verarbeiten. Illig veröffentlichte darüber eine längere Abhandlung in der »Zeitschrift für Parapsychologie«, Heft 2, Februar 1929 (aus der wiederum Grabinski zitiert):

Die photographische Aufnahme der »Weißen Frau«
Um die Objektivität des Phänomens für jedermann einwandfrei zu beweisen, wurde öfters eine photographische Aufnahme versucht, die schließlich erfolgreich war. Leider war es nicht mehr möglich, die näheren Einzelheiten über das Zustandekommen dieser Aufnahme mit der wünschenswerten Sicherheit festzustellen, zumal auch Retuschen und Vergrößerungen vorgenommen worden sind. Das Negativ gelangte zerbrochen, beschädigt und verschimmelt in unseren Besitz und wurde von meinem Sohn, Dr. Richard Illig (Chemiker mit guten Erfahrungen auf dem photographischen Gebiet), so gut wiederhergestellt und gereinigt, daß man davon die im Text publizierte Aufnahme abziehen konnte. [Wahrscheinlich die retuschierte Aufnahme Seite 41, Anm. d. Verf.] Außerdem war in unseren Besitz ein ganz verwaschener, befleckter Abzug gekommen, der durch die Entwicklung völlig verdorben war, aber doch auch die »Weiße Frau« in derselben Form wiedergab wie auf den anderen Bildern. [Wahrscheinlich die Aufnahme Seite 39, Anm.] Erst in allerletzter Zeit ist es dem Schloßbesitzer gelungen, einen Originalabzug zu bekommen, der ... von einer unzerbrochenen Platte herrührt. Die Darstellung ist genau die gleiche wie diejenige auf dem zerbrochenen Negativ. Man darf daher annnehmen – und die Frau des Schloßbesitzers, welche die Aufnahme gemacht hat, behauptet es auf das bestimmteste –, daß dieses Negativ das einzige noch vorhandene und von ihr angefertigte ist. Es wurde mehrfach geäußert, daß mehrere Aufnahmen gemacht worden seien. Nun scheinen aber doch die drei in

unseren Händen befindlichen Aufnahmen von ein und derselben Platte herzurühren, die nach dem Ergebnis der mikroskopischen Untersuchung keine Spuren von Retusche aufweist. Die Aufnahme erfolgte auf der Galerie in der Eingangshalle, die »Weiße Frau« stand dabei in einem Torbogen, der nach seinen Ornamenten und dem daneben befindlichen Wappen der Batthyany mit dem auf dem Bild des Treppenaufganges und der Halle übereinstimmt. Es steht sonach absolut fest, daß das aufgenommene Original im Türbogen stand, und daß dieser Türbogen sich in der Halle des Schlosses Bernstein befindet. Der einzige Einwand, den man gegen die Echtheit der Aufnahmen noch erheben könnte, wäre also nur noch der, daß irgendeine noch lebende, mit einem weißen Tuch bekleidete Person die Rolle der »Weißen Frau« gespielt habe. Dagegen spricht aber die Erscheinung der »Weißen Frau« zu allen Zeiten, die Fülle der vorliegenden Zeugnisse und vor allem auch die auf direkte Anfrage in bestimmtester Form abgegebene Erklärung des Schloßherren und seiner Frau, daß die Aufnahme von ihr selbst unter Bedingungen gemacht worden sei, die jeden Betrug und jede Selbsttäuschung ausschließen. ... Nach gründlicher Überprüfung des gesamten Materials stehe ich nicht an, mich für seine Echtheit auszusprechen ... *(Grabinski, S. 355 f.)*

Anton von Gyömerey schreibt 1927 zur Fotografie:
... Es wurde mehrmals versucht, die Erscheinung zu photographieren. Verschiedene Versuche, sie mittels Momentaufnahme aufzunehmen, mißlangen, denn infolge des langen ermüdenden Wartens und des dann plötzlich erfolgenden Auftretens der »Weißen Frau« war ein richtiges Einstellen des Apparates umso mehr erschwert, als eine begreifliche Nervosität seitens des Aufnehmers hierbei auch noch mitspielte. Schließlich gelang eine Aufnahme. Zur Verfügung stand damals ein uralter Fritsch-Kassetten-Apparat (9:12) mit einer aufschraubbaren Linse... Der Apparat wurde am Gang an der oberen Fassade der Haupttreppe mit dem Objektiv gegen die Tür des großen Saales placiert, da die Erscheinung diese Stelle am häufigsten passierte. Die Aufstellung erfolgte mit eingelegter Kassette noch bei Tageslicht. Nachdem es dunkel war, wurde das Objektiv und die Kassette geöffnet; der Apparat stand nun so lange dort, bis die Erscheinung ihn passierte. Es dauerte oft Tage, bis die in der Nähe wartenden Beobachter zu einer Aufnahme gelangten. Jeden Tag wurde eine neue Platte eingelegt.
Nun ist es immerhin möglich, daß die lichtempfindliche Platte (Agfa mit Anilinschichte) in der ... hellen Sommernacht auch schon vor der Erscheinung ... durch die gegenüberliegende helle Wand und das links befindliche breite Fenster etwas belichtet war, doch ist es ausgeschlossen,

daß der nach dem Auftreten der Erscheinung auf der entwickelten Platte verschwommen, aber immerhin deutlich genug zu Tage tretende Lichtkonus von der ersterwähnten Belichtung stamme.
Vom photographischen Standpunkte aus ist die Platte natürlich vollkommen verdorben. Durch das stundenlange offene Stehen des Apparates ist die Platte stark überlichtet und doch ist die Erscheinung verschwommen, da einerseits eine genaue Einstellung unmöglich war, andererseits die Belichtung durch die Erscheinung selbst eine viel zu kurze war, beziehungsweise die eventuelle vorhergehende Belichtung zu der Belichtung des Aufnahmemomentes in einem äußerst ungünstigen Verhältnis stand. Also ist die Platte eigentlich überexponiert, die Erscheinung fast unterexponiert und auf alle Fälle schlecht eingestellt. Der Apparat war auf sechs Meter eingestellt und die Erscheinung passierte denselben beiläufig auf zwei Drittel dieser Distanz.
Keine der Reproduktionen des im Sommer 1913 nach der in Bernstein verwendeten Platte verfertigten Abzuges entspricht dem Originalabzug, sondern jede derselben ist stark retouchiert, repräsentiert aber dessenungeachtet ein ziemlich gelungenes Bild ... *(von Gyömerey, S. 55 f., Grabinski, S. 364 f.)*

Grabinski schließt nun daraus:
Nach Illig weist ... die eine noch vorhandene Platte nach dem Ergebnis der mikroskopischen Untersuchung keine Spur von Retusche auf. Es müssen also mehrere Aufnahmen gemacht worden sein, wie mir das auch mitgeteilt wurde. Illig weist ja auch darauf hin, daß es erst in allerletzter Zeit [also anscheinend nach Erscheinen des Buches von Herrn v. G.)[yömerey, Anm.] dem Verfasser gelungen sei, einen Originalabzug zu bekommen, der aus der frühesten Zeit von einer unzerbrochenen und unberührten Platte herrührt. Diese Darstellung sei genau die gleiche wie die des anderen Negativs. Danach entspricht also auch die von mir hier wiedergegebene Reproduktion der »Weißen Frau« [Foto S. 41, Anm.] einer der gemachten Originalaufnahmen.
Bei näherer Betrachtung des Bildes muß man bestätigen, was mir Major v. G. [yömerey, Anm.] darüber schreibt: [Foto S. 41, Anm.] »... weist drei interessante Lichterscheinungen auf. Erstens ist die dunkle Tür des Saales genau gegenüber der Stirn der Erscheinung hell beleuchtet, wo doch bei Rückenlicht, wie es hier der Fall, der Schatten der Gestalt sein müßte. Zweitens bekommt weder die Tür noch die Gestalt noch der ganze Raum überhaupt linkes Seitenlicht, obwohl sich links der Tür in etwa ein Meter Entfernung zwei sehr hohe und sehr breite Doppelfenster mit farblosen Glasscheiben befinden, die bei Tag helles Licht auf den Gang

werfen. Drittens sieht man durch die untere Spalte der geschlossenen Tür aus dem Nachbarraum (Saal) intensiv helles Licht durchleuchten.«

Ich habe die Reproduktion der Aufnahme ... nebst der erhaltenen Kopie der Photographie außerdem an Herrn Dr. Malfatti, Professor der medizinischen Chemie, früher in Innsbruck, jetzt in Rovereto, zur Begutachtung gesandt, der mir folgendes schrieb:

»Das Bild ist echt und ungefälscht, das kann man ruhig auch ohne Kenntnisnahme der beigelegten Papiere behaupten, ... Auch der raffinierteste Betrüger oder Witzbold würde nicht wagen ... etwas so bis zur Unnatürlichkeit Unwahrscheinliches, zur Darstellung zu bringen. Der würde mindestens die stümperhafte Verzeichnung an der Türschwelle und oben vermieden und wegretuschiert haben (die Tür steht ja ganz schief zum Türstock). – Man sehe sich mal genauer (mit Vergrößerungsglas) das von der Gestalt ausgehende Licht an! Das ist kein Licht im Sinne der Photographie, sondern das ist leuchtende Substanz, ein Schneetreiben selbstleuchtender Partikelchen ... Diesen Eindruck hat man zum Beispiel unter dem ›Schleierzipfel‹ am Fußboden und oben bei der schwachen Lichtansammlung vor der oberen Türritze. Im stark beleuchteten Halbkreis links hat man eher den Eindruck, als ob diese Lichtteilchen erst aufleuchteten, wenn sie am (gewollten) Ziele auftreffen, ähnlich wie Radiumstrahlen auf dem Lidotschirm. Der Raum nämlich zwischen der Stirn und der Figur und dem leuchtenden Fleck (linke Türhöhe) ist besonders dunkel. Da ziehen also keine leuchtenden Teilchen hin; gewöhnliches Licht kann aber nicht hinstrahlen, sonst müßten die Hohlkellen des Türstockes ganz anders aussehen. Besonders auffallend ist, daß die scharfen (wie hineinradiert erscheinenden) Leistenornamente der tiefen Türfüllung über dem Kopf der Figur aus denselben Lichtfünkchen zu bestehen scheinen. Wenn diese Ornamentik an der heutigen Türfüllung mit der Photographie übereinstimmt (ist der Fall!), könnte man einen Reflex von der stark beleuchteten Seite (links) her annehmen; aber woher dann das gerupfte Aussehen dieser Lichter? Die Figur selbst macht durch diese Zerrupftheit der Konturen den Eindruck, als wenn sie aus solchen Lichtflöckchen aufgebaut wäre; der Lichthof rechts oben ist es sicher. Die Gestalt leuchtet schwächer als das sie begleitende Licht und nur einseitig, daß heißt nur dort, wo sie es hell haben will. Denn der Türwinkel dicht hinter ihr ist schwarz. – Die Spitzenzeichnung, die auf der Reproduktion mir ganz deutlich scheint, ist hier nicht zu sehen oder nur verwaschen angedeutet. Hätte der Photograph zum Kopieren ein glatteres Papier oder vielleicht ein sogenanntes Rembrandt-Papier genommen, wäre die Gestalt vielleicht doch besser herausgekommen. Die Spitzenzeichnungen sollen ›teils technische Fehler, teils gemacht‹

sein. Für das erste sind sie (auf der Reproduktion) zu geordnet; und das zweite? Wer einen römischen Meilenstein photographiert, kann ja die Reste einer Inschrift hineinretuschieren, aber nur wenn er weiß, wie die Inschrift lauten soll. Was will denn der beste Photograph in diese Figur hineinlegen? Etwa ›Bitte recht freundlich!‹ oder die Fabriksmarke einer Schleierfabrik ...? – Etwas ist ja an den Negativen gemacht worden. Eines hatte viele Plattenfehler (Bläschen), die zum Teil (wie es uns scheint, nur mit Tinte und Feder) ausgebessert wurden. Die Folgen, schwarze Tupfen zum Beispiel im Türrahmen links und weiße Flecken teilweise mit schwarzen Pünktchen zum Beispiel mitten in der Figur, sind auf der Kopie deutlich zu sehen. Sonst ist da sicher nichts retuschiert. Die gekörnten Lichteffekte (die ich für das Wichtigste und Interessanteste halte) könnten – wenn man schon absolut leugnen wollte – allenfalls auf zu warme Entwicklerflüssigkeit oder schlechtes Papier zurückgeführt werden. Da kann es schon zu solchen Fehlern kommen, aber die sind dann allgemein und nicht nur dort, wo sie eben hingehören, und sie sind leicht zu erkennen. Mit einem Wort, das Bild ist echt und das Interessanteste, was ich auf diesem Gebiete kenne.«

Daß es sich um keinen Betrug ... handelt, geht ... deutlich hervor, da nämlich auf dieser Photographie [S. 39, Anm.] ganz deutlich ein noch ziemlich unvollkommener Oberkörper zu sehen ist, dem an der unteren Seite noch ganze Partien ... fehlen. Diese Photographie stellt also ein ... nur teilweise materialisiertes Gebilde dar, das einer menschlichen Gestalt ähnelt, an der aber sonst nichts Menschliches zu entdecken ist ... An der Echtheit der Aufnahme ist aber auch auf Grund einiger mir aus dem Jahre 1911 ... vorgelegten Privatbriefe kaum zu zweifeln, die aus dem Kreis der hier in Betracht kommenden Verwandten des Schloßherrn stammen. Aus diesen Mitteilungen, die sich die einzelnen Verwandten gegenseitig brieflich machten, geht nicht nur die Bestätigung des wiederholten Erscheinens der »Weißen Frau«, sondern auch die photographische Aufnahme derselben zur Nachtzeit einwandfrei hervor. Hervorzuheben ist besonders die beinahe ängstliche Sorge der beteiligten Verwandten um die Erhaltung der einzigen übrig gebliebenen photographischen Aufnahme ..., wie dies in den Briefen öfters zum Ausdruck kommt. (*Grabinski, S. 366 f.*)

Zu Schloss Walchen: Die »Pest« von 1736

Für die Pestepidemie von 1736, welche die Bewohner des oberösterreichischen Orts Walchen sowie die Familie Gurland mit Ausnahme von Gräfin Dorothea hinweggerafft haben soll, konnten wir, abgesehen von der Sage, keine Quellen finden.
Lt. Dr. Eugenie Hanreich, der Schlossbesitzerin, gebe es zwar Belege, u. a. sei die Begräbnisrede für Dorothea Gräfin Gurland von 1749 erhalten. Auf Grund von Renovierungsarbeiten, u. a. die Schlossbibliothek und ihr persönliches Archiv betreffend, war es Dr. Hanreich während der Arbeit an diesem Buch aber nicht möglich, uns diese Quellen zu nennen.
Rückfragen am Institut für Sozial- und Wirtschaftsgeschichte an der Johannes-Kepler-Universität in Linz ergaben widersprüchliche Aussagen. Dr. Thomas Helmuth meinte, es sei durchaus möglich, dass Abarten der Pest, begrenzt auf kleine Regionen aufgetreten sein *könnten*. Das wisse heute niemand mehr so genau, da die betreffenden Aufzeichnungen vielfach fehlten. Zumal derartige lokale Auftritte der Seuche verglichen mit den Tausenden Toten von 1713 – der letzten belegten Pestepidemie im heutigen österreichischen Bundesgebiet –, als »kleiner, regionaler Rückfall« zu gelten hätten.
Univ.-Prof. Dr. Roman Sandgruber, Vorstand des Instituts, meint hingegen, ihm erscheine ein Auftreten der eigentlichen Pest nach 1713 auf dem Gebiet des heutigen Österreich als »ganz unmöglich«, da dafür alle Belege fehlten. Es wäre außerdem »ganz absonderlich«, dass eine ansteckende Krankheit, die einen ganzen Ort zur Gänze auslösche, auf diesen Ort beschränkt bleibe: »Ansteckende Krankheiten haben es an sich, dass sie sich sehr rasch in die Umgebung verbreiten, schon allein aus dem Grund, weil die Bewohner in der Regel vor einer derartigen Seuche fliehen und sie damit verbreiten.«

Literaturhinweise und Quellen

Allgemein

– Johannes Herberstein: Geisterschlösser in Österreich. Authentische Berichte von Erscheinungen und Geschehnissen, Drehbuch TV-Dokumentation, Wien 2004

– Georg Clam-Martinic: Burgen & Schlösser in Österreich. Von Vorarlberg bis Burgenland, Linz 1991

– Roland Girtler: Die feinen Leute – Von der vornehmen Art, durchs Leben zu gehen, Frankfurt/Main, Berlin 1994

Schloss Grünau

– Maria Gräfin von Maltzahn: Schlage die Trommel und fürchte dich nicht, Berlin, Frankfurt/Main 1986

– Robert Bouchal / Johannes Sachslehner: Waldviertel. Mystisches, Geheimnisvolles, Unbekanntes, Wien 2002

– Peter Broucek: »Der Schwedenfeldzug nach Niederösterreich 1645/46« in Heeresgeschichtliches Museum, Hrsg.: Militärhistorische Schriftenreihe, Wien, 3. Aufl. 1989

Schloss Bernstein

– W. Erwemweig (pseud. f. Anton von Gyömerey): Schloß Bernstein im Burgenland. Fragmente aus Vergangenheit und Gegenwart, Bernstein 1927

– Bruno Grabinski: Spuk und Geistererscheinungen, Graz/Wien/Altötting, 4. Aufl. 1953

– Christiane Holzer/Franz Severin Berger: Mythen, Spuk und gute Geister. Ein Reiseführer in die Anderswelt, Wien 1998

– Ladislaus E. Almásy (Raoul Schrott, Hrsg.): Schwimmer in der Wüste. Auf der Suche nach der Oase Zarzura, Innsbruck 1997
(ergänzte Neuauflg. von L. E. Almásy: Unbekannte Sahara, 1939)

– Walter Grond: Almásy. Roman, Innsbruck 2002

Schloss Therasburg

– Homepage des Forstbetriebs: *www.therasburg.at*

Schloss Tratzberg

– Sighard Graf Enzenberg: Tratzberg. Renaissancejuwel im Inntal, Wien 2000

– Beatrix u. Egon Pinzer: Burgen, Schlösser, Ruinen in Nord- und Osttirol, Innsbruck 1996

Schloss Eggendorf
– Hans Sperl / Johann Steinkogler: 100 Jahre Ortsgemeinde Eggendorf. 770 Jahre – erste urkundliche Erwähnung, o. A. 1994

Schlosshotel St. Georgen am Sandhof
– Bernhard Demel: Der Deutsche Orden im Spiegel seiner Besitzungen und Beziehungen in Europa, Frankfurt/Main, Wien (u.a.) 2004

Schloss Ladendorf
– Eduard Challupner: Chronik Ladendorf, Ladendorf 1993
– Hans Mechtler: Ladendorf in schwerster Zeit, Ladendorf 1986
– Elisabeth Großegger: Theater, Feste und Feiern zur Zeit Maria Theresias 1742–1776. Nach den Tagebucheintragungen des Fürsten Johann Joseph Khevenhüller-Metsch, Obersthofmeister d. Kaiserin, Wien 1987

Schloss Riegersburg
– Marianne Gräfin Pilati von Thassul zu Daxberg, Hrsg.: Barockschloß Riegersburg, Festschrift anlässlich des 20-jährigen Bestehens des Museums, o. A.
– Brigitte Hamann: Mit Kaiser Max in Mexiko. Aus den Tagebüchern des Fürsten Carl Khevenhüller 1864–1867, München 1983
– Konrad Ratz: Maximilian und Juárez. Hintergründe, Dokumente und Augenzeugenberichte. 2 Bände, Graz 1998
– Friedrich Hausmann: »Ferdinand Graf zu Hardegg und der Verlust der Festung Raab«, in Höflichner/Pickl/Metzler-Angelberg (Hrsg.): Domus Austriae. Eine Festgabe Hermann Wiesflecker zum 60. Geburtstag, Graz 1983

Schloss Trautenburg
– Alexander Wilhelm, Hrsg.: Die Rebenlandchronik, Graz/Leutschach 2004
– Herbert Rauch-Höphffner: Unsere großen Kaiser, Salzburg 1976

Schloss Schönbrunn
– Christof Bieberger / Alexandra Gruber / Gabriele Hasmann: Spuk in Wien. Von verborgenen Geistern und Spuren ins Jenseits, Wien 2004
– Brigitte Hamann: Elisabeth. Kaiserin wider Willen, Wien/München 1998
– Franz Herre: Wien. Historische Spaziergänge, Köln 1992
– Konrad Kramar / Petra Stuiber: Habsburgs leere Kassen, Wien 2001
– Ann Tizia Leitich: Maria Theresia. Eine Biographie, Wien 1963

– Georg Schreiber: Schloss Schönbrunn. Seine Bewohner und Besucher, Wien 2001
– Kaiserin Zita: Auszüge aus ihrem persönlichen Tagebuch, o. A.

Schloss Walchen
– Eugenie Hanreich: Kinderwelt-Museum Schloß Walchen. o. A.

Schloss Primmersdorf
– Alphons Zák: Eibenstein und Primmersdorf, zwei Schlösser und Orte an der Thaja im niederösterreichischen Waldviertel. Sonderabdruck aus den Blättern des Vereines für Landeskunde von NÖ, Wien 1895

Schloss Moosham:
– Clemens M. Hutter: Gruselwandern in Salzburg, Salzburg, München 1999
– Hans Graf Wilczek: Hans Wilczek erzählt seinen Enkeln Erinnerungen aus seinem Leben (Hrsg. v. s. Tochter Elisabeth Kinsky-Wilczek), Graz 1933
– Brigitte Sokop: Jene Gräfin Larisch. Marie Louise Gräfin Larisch-Wallersee, Vertraute der Kaiserin, Verfemte nach Mayerling, Wien/Köln/Graz 1985
– Johann Schleich: Hexen, Zauberer und Teufelskult in Österreich, Graz 1999

Schloss Greillenstein
– Rupert Feuchtmüller: Schloß Greillenstein, München 1961
– Helmut Lang (schrift. u. wissenschaftl. Leitung), Amt d. NÖ Landesregierung: Strafrechtssammlung des Nö. Landesmuseums (im Schloss Greillenstein), Wien 1967
– Baumgartner, Pruckner: Die Gegend hier herum ist herrlich. Reisen zu Dichtern, Denkern, Malern und Musikern in NÖ, Wien 1996
– Raoul Auernheimer: Franz Grillparzer, Wien 1948
– Ralph Andraschek-Holzer: »Grillparzer im Waldviertel: Jugendaufenthalt, Gedenkstätte Greillenstein und Ahnfrau-Rezeption« in: Das Waldviertel, Zeitschrift für Heimat- und Regionalkunde d. Waldviertels und d. Wachau. 40. (51.) Jahrgang, Krems 1991

Waldviertler Geisterwerkstatt
– Homepage: *www.geisterwerkstatt.at*

Bildnachweis

Schloss Bernstein (3): Archiv, Familie Berger-Almásy
Schlosshotel St. Georgen (1): Zur Verfg. gestellt von Karl Merkatz
Schloss Greillenstein (1): Archiv, Geisterwerkstatt

Alle anderen Bilder sind Aufnahmen von Alexandra Gruber.
Fotobearbeitung: Markus Reif und Karl Hammerschmidt.

Danksagungen

Die Autor(Inn)en danken

Markus Reif für Covergestaltung und Bildbearbeitung, vielfach notwendige technische Beratung und, nicht zu vergessen, Grafik und Design unserer Homepage,
Marliese Mendel, die über eine außergewöhnliche Beobachtungsgabe verfügt,
Franz Angelo für die Betreuung unserer Homepage,
Eveline Stumpfel für mühsame Korrekturarbeiten an unseren Manuskripten,
Bernhard Ichner, weil nichts über konstruktive Kritik geht,
Karl Hammerschmidt für die Gestaltung unter anderem des Coverfotos,
Gerhard Holischka und **Jürgen Kelz** für wertvolle Hinweise und Anregungen.

Besonderer Dank gilt jenen, die uns mit Unterkunft, Verpflegung und/oder ihrer Gesellschaft unterstützt und somit Schlossbesuche in ganz Österreich wesentlich erleichtert haben:
Claudia Bieberger, Rudolf und Elfriede Gruber, Gerald Kofler, Thomas Prendinger und **Christian Profant**,

und weiters danken wir allen, die in diesem Buch genannt werden, dafür, dass sie uns Einblicke in ihr privates Umfeld und ihre oft sehr persönlichen Erfahrungen gestattet haben.